I0560923

LA GUARIGIONE SOMATICA DAI TRAUMI

Il corso intensivo fai-da-te per sperimentare la vera consapevolezza corporea attraverso i segreti somatici che chiunque può mettere in pratica e le tecniche segrete che il vostro terapeuta non vuole farvi conoscere

ASCENDING VIBRATIONS

Ascending Vibrations

RICHIEDETE I VOSTRI BONUS QUI SOTTO

Per aiutarvi nel vostro viaggio spirituale, abbiamo creato alcuni bonus gratuiti per aiutarvi ad eliminare il bagaglio energetico che non vi serve più e a realizzare una vita più adatta a voi. I bonus includono un videocorso di accompagnamento con oltre 4,5 ore di contenuti potenzianti, video ad alto contenuto energetico, potenti meditazioni guidate, diari e altro ancora.

Potete ottenere l'accesso immediato andando al link sottostante o scansionando il codice QR con il vostro cellulare.

https://bonus.ascendingvibrations.net

Bonus gratuito n. 1: il corso di sintonizzazione dei chakra in 3 fasi

Volete conoscere un modo unico di agire sui chakra? Elevate la vostra esistenza intervenendo sul subconscio, il fisico e il livello spirituale.

- Scoprite un metodo unico in 3 fasi per il controllo dei chakra che molte persone non stanno sfruttando!
- Sperimentate il vostro cervello, migliorate il corpo, la mente e lo spirito e liberate i blocchi che vi impediscono di raggiungere la grandezza.
- Risvegliate un'energia straordinaria per creare una realtà che vi si addica meglio
- Smettere di sprecare tempo prezioso con metodi inefficaci

Bonus gratuito n. 2: Il kit di strumenti della Formula Segreta di Manifestazione

Avete smesso di accontentarvi nella vita, di perdere tempo prezioso e siete pronti ad attrarre a voi il vostro potenziale più alto?

Bonus gratuito n. 3: Il kit di strumenti per la purificazione spirituale

Siete pronti ad abbandonare tutta l'energia negativa che non vi serve più?

- Rilasciare i blocchi energetici che potrebbero causare squilibri.
- Risvegliare un'energia straordinaria per energizzare la vostra aura
- Creare un ambiente energeticamente pulito e meraviglioso

Bonus gratuito n. 4: Una potente meditazione guidata di guarigione energetica di 10 minuti

Tutti questi straordinari bonus sono gratuiti al 100%. Non è necessario inserire alcun dato, tranne l'indirizzo e-mail.

Per avere accesso immediato ai bonus, andate su

https://bonus.ascendingvibrations.net

INDICE

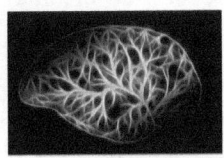

INTRODUCTION

È scontato che molti dei libri sulla Terapia di Guarigione Somatica mirino ad aiutare direttamente il lettore con la sua miriade di problemi. Tuttavia, la complessa terminologia scientifica e gli esercizi difficili da seguire, comuni in questi titoli, possono spesso lasciare il lettore perplesso. Questo libro è diverso. È un libro di auto-aiuto nel vero senso della parola. Non c'è nulla di complicato o sconcertante. Tutto ciò che scrivo sarà facile da capire e da seguire. Se all'interno dei capitoli sono contenuti concetti più impegnativi, allora li suddividerò in modo tale che chiunque sia alle prime armi con la guarigione somatica sia in grado di capirli. Non avrete bisogno di un medico o di un sacco di lauree scientifiche per capire cosa l'autore sta cercando di trasmettere. Questo libro è per chiunque e per tutti.

Gli esercizi contenuti in questo libro non saranno così difficili da richiedere l'aiuto dei vicini o di un terapeuta somatico professionista. No, si tratta di esercizi semplici che chiunque, giovane o anziano che sia, può facilmente seguire e svolgere nella sicurezza della propria casa.

Mi rendo conto che se siete interessati a questo libro, forse significa che avete vissuto esperienze molto stressanti o traumatiche e siete alla ricerca di una guarigione. Ricordate che sono qui per sostenervi ed incoraggiarvi in questo viaggio. Eviterò di usare un linguaggio particolare e di parlare di situazioni specifiche che potrebbero scatenare in voi il ripetersi di quel trauma. Questo libro è un rifugio sicuro per voi. Dovreste essere sempre in grado di trovare pace e conforto quando vi immergete in questo libro. Dovrebbe essere la vostra guida quando avete bisogno di praticare esercizi che vi aiutino nel vostro percorso di guarigione. Non si tratta di esercizi da usare una volta sola e da non ripetere più. Sono esercizi che potete usare quotidianamente per incoraggiare la guarigione dentro di voi. Non preoccupatevi: non è necessario aderire ad una religione mistica o seguire un leader sciamanico per partecipare alla guarigione. Tutto è pragmatico e finalizzato al vostro divertimento, alla vostra conoscenza e alla vostra illuminazione. Non è necessario cambiare il proprio sistema di credenze per trarne beneficio.

Parlerò anche di traumi e di come questi impattino e condizionino tutte le nostre vite. Non importa la vostra età o il vostro sesso, se siete sopravvissuti ad un'esperienza traumatica, questo libro è qui per aiutarvi in un modo che non vi appesantisca o vi abbatta. Vi ricorderò che siete una persona unica e forte e che, se abbraccerete questo viaggio di guarigione, potrete essere la migliore versione possibile di voi stessi.

NON SIAMO SOLO LA NOSTRA MENTE: COME IL TRAUMA INFLUISCE SUL NOSTRO CORPO E SULLA NOSTRA SALUTE

Il trauma è un'esperienza che accomuna tutti gli esseri umani e con cui tutti possiamo relazionarci. A volte può essere evidente: un incidente d'auto o la perdita inaspettata di una persona cara possono essere un'esperienza traumatica per noi, ma a volte il trauma non è così evidente. Forse abbiamo avuto un conflitto con un collega di lavoro; forse qualcuno ci ha insultato o sminuito. Può sembrare poco, ma anche queste piccole cose possono essere esperienze traumatiche. Il rischio di un trauma è qualcosa che viviamo ogni giorno. La nostra reazione ai traumi varia da persona a persona perché dipende da come il cervello di ciascuno reagisce a queste situazioni, sia al momento dell'evento che in futuro.

Il problema è che se il trauma non viene affrontato, non è solo il nostro cervello a risentirne, ma tutto il nostro corpo. Gli effetti del trauma possono avere un forte impatto sul nostro benessere e sulla nostra salute. Possono influire su tutto, dalla digestione alla frequenza cardiaca. È importante ricordare che il trauma non è qualcosa che colpisce solo la nostra mente: Può colpire tutto il nostro corpo e qualsiasi area della nostra salute. Naturalmente, è essenziale eliminare il trauma dal nostro corpo e imparare a guarire. Altrimenti, può portare a malattie croniche. Il trauma ha portato a malattie come il diabete di tipo 2, l'artrite reumatoide e le malattie cardiache (Richmond, 2018). A mio padre è stata diagnosticata l'artrite reumatoide in tarda età. Sapendo quello che so ora sui traumi, mi chiedo se ciò fosse legato alla morte di sua moglie (mia madre). Erano stati insieme per molto tempo. Dire che fu uno shock per il suo sistema quando lei morì sarebbe un eufemismo. Se solo avessi conosciuto la terapia di guarigione somatica all'epoca, forse avrei potuto essere più utile a mio padre nell'aiutarlo a superare quell'esperienza traumatica. Tuttavia, ognuno di noi ha reazioni diverse, quindi voglio rassicurarvi sul fatto che aver subito un'esperienza traumatica non significa immediatamente che soffrirete di una malattia. Ma ha il potenziale per farlo se non viene affrontata.

Qualcosa come il trauma, spesso visto come un aspetto mentale, si manifesta in reazioni fisiche come mal di testa, tensione muscolare, affaticamento e problemi di stomaco (Richmond, 2018). È il tipo di dolore fisico costante che nessuno di noi vuole sopportare a meno che non sia obbligato a farlo. Si manifesta anche nelle nostre emozioni e nei nostri sentimenti. Alcuni di noi possono sentirsi disorientati; altri possono sentirsi completamente isolati; altri ancora si sentono in trappola; altri si sentono senza speranza e come se non avessero alcun controllo su se stessi; o alcuni possono smettere di sentire e di preoccuparsi di se stessi e degli altri. Il trauma può avere inizio nel cervello, ma può colpire tutto il nostro essere se non impariamo a guarire da esso. Queste sono le informazioni che cercherò di fornirvi. Seguendo i consigli e gli esercizi forniti in questo libro, potrete iniziare il vostro percorso di guarigione e imparare a trasformare la vostra vita in modo che il passato non la domini più. È giunto il momento di smettere di ricordare il passato e di concentrarsi sul futuro.

SE CAPITE LA TERAPIA SOMATICA, ALLORA CAPITE COME TRASFORMARE LA VOSTRA ESISTENZA PER SEMPRE

La parola "somatica" deriva originariamente dal termine greco soma, che significa "corpo vivente" (Erdelyi, 2019). Questo sguardo all'origine della parola dà una buona idea di cosa sia la terapia somatica. Si tratta di ascoltare il corpo e la mente e di creare una connessione tra i due. Ascoltando il corpo e imparando a curarlo, si guarisce a sua volta la mente. Il pensiero alla base della terapia somatica è che gran parte di ciò di cui soffriamo oggi è dovuto a traumi passati. Si ritiene che molti di questi traumi siano rimasti intrappolati nel nostro sistema nervoso. I sintomi e gli effetti del trauma che manifestiamo fisicamente derivano dall'instabilità del nostro sistema nervoso causata da quelle esperienze passate.

Alcuni potrebbero liquidare questa convinzione come un'illusione. La scienza sta avvalorando la teoria secondo cui il corpo e la mente sono collegati. Morrisey ha cantato una volta nella canzone "Still Ill" degli Smith: "È il corpo a governare la mente o la mente a governare il corpo? Non lo so" (Morrisey & Marr, 1984). Tuttavia, più si approfondisce la ricerca scientifica e medica in questo campo, più ci si rende conto che la mente e il corpo sono interconnessi e che il dolore può funzionare in entrambi i sensi. Ad esempio, uno studio condotto nel 2005 ha concluso che il mal di schiena cronico spesso provoca ansia e risposte emotive estreme (Von Korff et al., 2005). Uno studio del 2020 si è concentrato su come il dolore sociale, cioè l'isolamento o le esperienze negative di interazione, possano tradursi in dolore fisico (Zhang et al., 2020). Pertanto, la guarigione somatica viene utilizzata come terapia perché si rivolge sia alla mente che al corpo. Si rivolge anche alle nostre emozioni e ai nostri sentimenti. Non parte dal presupposto che il dolore fisico possa essere curato solo con la terapia fisica o che la salute mentale possa essere affrontata solo con la terapia psicologica.

PSICOLOGIA E PSICOTERAPIA SOMATICA

È giunto il momento di introdurre la psicologia somatica e la psicoterapia. La psicologia somatica comprende metodi terapeutici e olistici riguardanti il corpo, di cui la psicoterapia somatica è il ramo più ampio.

Anche la psicoterapia somatica abbraccia l'approccio terapeutico e olistico della psicologia somatica. Cerca di affrontare i problemi del corpo, della mente e delle emozioni nel processo di guarigione. La convinzione è che i pensieri, le prospettive, i principi e le emozioni di una persona possano avere un impatto sul suo benessere fisico, e che elementi fisici come la postura, l'esercizio fisico e la dieta possano avere un impatto mentale su una persona. Chiunque abbia visto il documentario Super Size Me di Morgan Spurlock del 2004 saprà che Morgan aveva molti problemi fisici di ampia portata causati dal fatto di aver mangiato in una nota catena di fast-food e soffriva anche di forti sbalzi d'umore. La sua salute mentale, e non solo quella fisica, si è deteriorata a causa dell'esperimento.

La psicoterapia somatica è un metodo che si basa sulla connessione tra il corpo e la mente. I sostenitori della psico-terapia somatica considerano la mente e il corpo come un tutt'uno e qualsiasi terapia dovrebbe affrontare entrambi i fattori. Essi credono che la mente e il corpo possano muoversi verso la guarigione se ricevono il giusto approccio, l'ambiente, le interazioni sociali, l'incoraggiamento e il rispetto. In tal caso, la mente e il corpo possono autoregolarsi per far fronte agli stress e alle tensioni della vita. Altrimenti, il trauma viene immagazzinato nel corpo e può avere un impatto su aspetti come la postura, le espressioni facciali e il linguaggio del corpo. Le terapie tradizionali, come la talk therapy, possono essere d'aiuto in caso di trauma, ma anche l'aggiunta di un approccio olistico, come le tecniche terapeu-tiche somatiche, può fare miracoli. Lo stesso vale per le terapie corporee: Queste possono affrontare problemi fisici e anche alcuni problemi psicologici, ma non risolvono problemi di salute mentale profondi.

Spesso si attribuisce a William Reich la paternità delle idee alla base della guarigione somatica. Tuttavia, egli ha beneficiato del fatto di essere stato uno studente di Sigmund Freud, che a sua volta ha sviluppato i primi pensieri su ciò che oggi pensiamo sia la guarigione somatica. Anche Pierre Janet ha contribuito a questo tipo di pensieri e idee. Tuttavia, Reich sviluppò queste idee in un concetto molto più progres-sista. Credeva che gli istinti umani fossero naturalmente buoni. Da questa convinzione, formò una teoria che incorporava il corpo. Il libro di Reich del 1933, Analisi del carattere, suggeriva che il corpo fosse influenzato dalle emozioni sepolte e persino dalla propria personalità. Questo potrebbe tradursi in tensione muscolare, postura e modo di muoversi. Si riferiva a questa idea come "armatura del corpo". Pertanto, concluse che per liberare le emozioni intrappolate nel profondo del corpo, era necessario applicare al corpo un qualche tipo di forza fisica (Bell, 2017). Sebbene alcune delle idee successive di Reich siano state respinte dalla psicologia tradizionale, egli aveva posto le basi per la terapia somatica. Oggi è ampiamente accettato che la mente e il corpo sono molto più allineati e non entità separate come si credeva in precedenza. Molti professionisti che si occupano di salute mentale sostengono ora un approccio più olistico quando si tratta di persone colpite da traumi.

La psicoterapia somatica lavora prestando attenzione ai segnali del corpo, non solo a ciò che ci dice la mente. Può trattarsi di tensioni muscolari, di solito intorno alla testa, al collo e alle spalle, oppure può manifestarsi come problemi di digestione, problemi ormonali o disfunzioni sessuali. Gli psicoterapeuti somatici aiutano la persona ad ascoltare il proprio corpo e a prendere coscienza di questi segnali. In seguito assegneranno la tecnica terapeutica che ritengono più adatta ad alleviare i problemi. Potrebbe trattarsi di esercizi come le tecniche di respirazione o di qualcosa di molto fisico come il movimento della danza. La persona può anche discutere le proprie abitudini comportamentali e prendere nota, in futuro, dell'impatto che tali abitudini hanno su eventuali nuovi pensieri e sentimenti che possono emergere durante la terapia somatica.

In sostanza, la terapia somatica può aiutare le persone a

prendere coscienza del proprio corpo e della propria mente e ad aprirsi e a pensare di più alle proprie emozioni e ai propri problemi fisici. Come vedremo in alcuni capitoli successivi, la terapia somatica sta diventando la norma per assistere coloro che hanno sofferto di disturbo post-traumatico da stress (PTSD). Comprendere la terapia somatica e inserirla nella propria routine può aiutare a risolvere diversi problemi, come affrontare lo stress, l'ansia e la depressione, aiutare a risolvere problemi di relazione e di interazione, o aiutare a rafforzare la fiducia in se stessi e la propria autostima.

CONCETTI CHIAVE DELLA TERAPIA SOMATICA

I concetti chiave contenuti in ogni capitolo saranno discussi in modo molto più dettagliato man mano che andremo avanti. Tuttavia, in questo primo capitolo ho voluto fornirvi una breve panoramica di questi concetti essenziali, in modo che possiate già avere una comprensione di base quando in seguito approfondiremo queste idee.

Radicamento

Il radicamento è una tecnica utilizzata sul corpo che permette di sentirsi nel momento presente. Sfrutta la capacità della persona di percepire il proprio corpo fisico, usando i sensi e sentendo i piedi per terra. In sostanza, il grounding consiste nel gestire il sistema nervoso e nell'imparare a sentirsi calmi.

Determinazione dei confini

Il concetto di determinazione dei confini si basa sulla concentrazione della persona sul qui e ora, fornendole gli strumenti per rispondere positivamente alle sue esigenze mutevoli e stabilendo confini chiari. Consente alla persona di reagire con sicurezza alle situazioni mutevoli e di stabilire una guardia contro la sopraffazione.

Autoregolazione

Credo che alcuni pensino che sia necessaria un'autoregolazione quando si parla di dolci o di alcol! Tuttavia, questo concetto ha a che fare con l'autoregolazione del corpo, non necessariamente con la dieta o con l'abitudine di bere (anche se l'autoregolazione di entrambi non è mai una cattiva idea). È l'idea che la persona rimanga consapevole e senta parte del proprio corpo durante le emozioni o le sensazioni profonde. La persona impara ad autoregolare qualsiasi sensibilità fisica importante e può autoregolarla o rispondere in modo appropriato nei momenti di forte impatto emotivo.

Movimento e processo

Come ho già detto, la terapia somatica si basa sull'ascolto del proprio corpo. Ciò significa che la postura, il senso dello spazio e il linguaggio del corpo, come i gesti, possono fornire una comprensione accurata del tipo di esperienze di vita che una persona può aver vissuto. Il movimento può essere un'attività da intraprendere per aiutare una persona a risolvere i suoi problemi.

Sequenziamento

La sequenza riguarda il modo in cui la tensione accumulata dalle esperienze traumatiche può muoversi nel corpo. Ad esempio, la tensione può iniziare dallo stomaco. Può poi risalire verso il petto, che può stringersi, e quindi spostarsi ulteriormente verso la gola dove, ancora una volta, può verificarsi un irrigidimento che rende difficile la respirazione. Forse la tensione porta a piangere liberamente e a far uscire le lacrime, liberando così la persona e permettendole di respirare più facilmente.

Titolazione

La titolazione è la procedura che consiste nell'affrontare piccole quantità di angoscia mentre si guarisce la persona nel suo complesso. Una persona si immergerà molto lentamente nelle sue esperienze traumatiche passate e, mentre lo fa, il terapeuta somatico controllerà le risposte e le sensazioni del corpo. Non si limiterà a tenere d'occhio l'aspetto fisico: continuerà a parlare con la persona, ma farà attenzione a fattori come la difficoltà di respirazione, i pugni chiusi, il digrignare dei denti o una differenza nel suono della voce.

Risorse

Le risorse si riferiscono a quelle che si possono fornire a una persona affinché senta di avere scelte sicure da fare e non diventi sopraffatta e ansiosa. La persona imparerà a identificare i luoghi, le persone e le cose che la fanno sentire sicura e tranquilla. Li utilizzerà ogni volta che si sentirà in difficoltà. Scoprirà come sentirsi in pace con il mondo e con le sensazioni del proprio corpo.

CI SONO LIMITI ALLA PSICOTERAPIA SOMATICA?

Sebbene la psicoterapia somatica stia diventando sempre più comune come opzione terapeutica per affrontare i traumi, sono state sollevate alcune preoccupazioni e limitazioni da parte di coloro che vi si oppongono. Una di queste preoccupazioni riguarda la terapia del tocco, che a volte può essere utilizzata come parte della terapia somatica. Molti professionisti della terapia ritengono che la terapia tattile abbia implicazioni etiche. Sebbene si riconosca che alcune terapie tattili possono avere un effetto curativo nel ridurre il dolore o la tensione, si riconosce anche che toccare alcune vittime di abusi potrebbe scatenare il loro trauma. C'è anche la possibilità che, così come il tocco può causare il ripetersi del trauma, possa anche mettere a disagio alcune persone, o che alcune lo trovino addirittura eccitante. Ciò può comportare una distrazione dallo scopo della terapia. Il paziente può finire per trasferire sul terapeuta sentimenti ed emozioni che si riferiscono a qualcuno o a qualcos'altro; è possibile anche l'inverso: il terapeuta trasferisce su di sé sentimenti ed emozioni non direttamente rilevanti per il paziente. Pertanto, sia il terapeuta che il paziente devono essere d'accordo sul fatto che il contatto sia una parte accettabile della terapia e che il paziente sia disposto a indagare e a sviluppare una consapevolezza del proprio corpo. In alcuni Paesi non tutti i corsi di psicoterapia corporea sono stati accreditati, poiché si ritiene che non soddisfino tutti i criteri scientifici richiesti. Pertanto, quando si cercano questi tipi specifici di corsi, è necessario essere consapevoli di questo scenario (Bell, 2017).

DIVERSI TIPI DI TERAPIA DEL TRAUMA

Infine, in questo capitolo illustrerò alcuni dei programmi e delle procedure che potete seguire e a cui potete partecipare quando si tratta di terapia somatica. Ne parlerò in modo molto più dettagliato nei vari capitoli del libro, ma questo serve a darvi un'idea di ciò che potrebbe interessarvi o di ciò che potrebbe interessarvi in modo specifico, anche se tutti possono trarne beneficio.

Arteterapia

L'arteterapia può essere un modo utile per trattare i traumi. Permette alla persona di creare ciò che vuole e al ritmo che desidera. Inoltre, include elementi visivi e fisici.

L'arte diventa quindi uno sfogo per il trauma subito, consentendo al contempo di diventare più consapevoli del proprio corpo e delle sensazioni che si provano toccando le cose e creando.

Tapping, tecnica di libertà emozionale (EFT)

L'EFT utilizza principi simili a quelli dell'agopuntura. Ritiene che esistano punti specifici sul corpo collegati a organi o altre parti interne del corpo. Usando le dita e picchiettando su questi punti si inviano messaggi al cervello. Questo, a sua volta, può alleviare la tensione e la pressione che si sono accumulate a causa di esperienze ed emozioni negative che una persona può aver vissuto.

Terapia di desensibilizzazione e rielaborazione attraverso i movimenti oculari (EMDR)

La terapia EMDR funziona con la persona che rivive il proprio trauma in modo lento e intermittente, mentre il terapeuta la istruisce a muovere gli occhi. L'idea è che sia più facile affrontare la rievocazione di terribili esperienze passate quando l'attenzione viene rivolta altrove. Una tale distrazione dell'attenzione produce una minore risposta fisica ed emotiva al trauma.

Psicologia energetica

L'EFT è un tipo di psicologia energetica. Consiste nell'utilizzare metodi di tipo agopunturale per toccare i punti energetici del corpo mentre la persona in terapia si concentra su eventi o esperienze traumatiche della sua vita.

Terapia di focalizzazione

La terapia di focalizzazione consiste nel provare quella sensazione nel corpo ogni volta che si ricordano esperienze traumatiche: concentrarsi su quella sensazione nel corpo in modo da formare un'immagine. Questa immagine può essere utilizzata per capire dove si è bloccato il trauma e come affrontarlo.

Terapia della Gestalt

La terapia della Gestalt si concentra molto sul qui e ora. Intende impedire a una persona di pensare costantemente solo al passato. Incoraggia le persone a essere consapevoli dei sentimenti e delle emozioni che provano al momento e consiglia come metterli in relazione con i sintomi fisici. Esistono varie forme di terapia della Gestalt, di cui parlerò in dettaglio più avanti.

Terapia dell'immaginazione guidata

"Immaginate di essere su una spiaggia e che le onde vi lambiscano i piedi". Tutti abbiamo sentito questo tipo di frasi quando si cerca di far rilassare le persone. La terapia dell'immaginazione guidata è proprio questo: utilizza le immagini per aiutare le persone a liberarsi dall'angoscia mentale e dallo stress.

Mindfulness

La mindfulness è la pratica della consapevolezza dei pensieri e dei sentimenti che appaiono senza esprimere giudizi su di essi.

Psicodramma

Lo psicodramma si basa sulla possibilità di dire o fare tutto ciò che è necessario per guarire dal trauma. Ciò comporta la rivisitazione del trauma, per la quale si possono applicare varie tecniche. Ne parlerò in modo più dettagliato più avanti nel libro.

Psicoterapia sensomotoria

Questo aspetto della psicoterapia è incentrato sul corpo e su come l'ascolto e la comprensione di esso possano aiutare a guarire i nostri traumi.

Esperienza somatica

Anche l'esperienza somatica mette al centro il corpo, in particolare il sistema nervoso, ascoltando ciò che dice e rispondendo di conseguenza.

Danza/Terapia del movimento

Come si può intuire dal nome, questa forma di terapia utilizza il movimento, spesso la danza. Il suggerimento è che la persona può essere in grado di esprimersi attraverso la danza e il movimento in un modo che non ha mai potuto fare verbalmente; questo può aiutare a guarire i problemi di salute mentale.

MINDFULNESS ED ESPERIENZA SOMATICA

SOMATIC MINDFULNESS

La mindfulness somatica è una parte vitale della terapia somatica. La consapevolezza del proprio corpo e di ciò che sta facendo nel qui e ora è un elemento fondamentale della terapia somatica, non di come il corpo si sentiva in passato o si sentirà in futuro. Molti di noi non ascoltano il proprio corpo e sono ignari di ciò che sta cercando di dirci. Avete la possibilità di allontanarvi da ciò che il sistema nervoso vi sta dicendo. Potrebbe dirvi di sentirvi ansiosi, sulla difensiva o sopraffatti - qualunque sia il comportamento con cui vi sentite inconsciamente più a vostro agio - anche se in realtà vi mette a disagio.

La mindfulness è nata come concetto buddista. Poi, nel corso dei secoli, si è lentamente sviluppata fino a diventare qualcosa che i terapeuti e i medici occidentali usano spesso per aiutare la salute mentale.

C'è un esempio eccellente che Andrea Bell racconta dalla

sua esperienza terapeutica. Si tratta di un paziente che proveniva da un ambiente difficile in cui non riusciva a fidarsi di nessuno. Dopo alcune sedute con lui, per ragioni che non avevano nulla a che fare con il paziente, la dottoressa cambiò i mobili del suo studio con altri, a suo parere, più confortevoli. Tuttavia, quando lui entrò e si sedette sulla nuova sedia, più comoda e lussuosa, si insospettì immediatamente, chiedendo ad Andrea perché avesse cambiato i mobili e se lo facesse apposta per confonderlo. Una volta che Andrea gli ha spiegato le vere ragioni del cambiamento, il ragazzo si è rilassato e si è goduto il comfort della nuova sedia. Questo dimostra come spesso siamo condizionati dai nostri comportamenti e dalle nostre esperienze del passato e dimentichiamo di goderci il presente e di usarlo per indicare come potrebbe andare il futuro. In questo caso, il ragazzo era convinto che le sensazioni della terapia con Andrea sarebbero state un fallimento. Andrea ha quindi lavorato con il ragazzo per distinguere le sensazioni fisiche che provava quando entrava nella stanza. In questo modo sarà in grado di prendere nota di queste reazioni quando le percepirà successivamente e imparerà ad ascoltarle e a riflettere se si tratta della risposta più appropriata. Più lo farà, più la sua reazione iniziale al cambiamento dovrebbe calmarsi e, lentamente, non sentirsi più come una minaccia (Bell, 2018).

L'altro aspetto della mindfulness è che ci insegna a smettere di giudicarci. Invece di pensare a qualcosa che abbiamo detto o fatto di sbagliato in passato mentre stiamo vivendo la nostra vita quotidiana, la mindfulness ci insegna a non giudicarci così duramente. Ci aiuta a non preoccuparci delle cose del passato, ma a concentrarci e a goderci solo il presente.

Sappiamo che può funzionare. Se avete mai studiato gli atleti prima di una gara, li vedrete compiere vari movimenti e rituali. Tutto ciò che stanno facendo è praticare la consapevolezza per essere davvero nel momento presente e, quindi, rilassati e calmi, senza avere quei pensieri dubbiosi e ansiosi che attraversano la loro mente e si manifestano nel loro corpo attraverso la tensione muscolare. Coloro che praticano maggiormente la consapevolezza sono di solito quelli che vincono la gara. Ci sono molte prove che confermano il successo della mindfulness nel risolvere molti problemi. Può aiutare a ridurre la procrastinazione. Uno studio ha dimostrato che coloro che hanno partecipato a un corso intensivo di meditazione hanno mostrato un miglioramento nella procrastinazione rispetto a coloro che non si sono sottoposti al corso (Chambers et al., 2008). Esistono anche diversi studi che dimostrano la riduzione dello stress e dell'ansia come risultato della pratica della mindfulness. Uno studio del 2010 ha concluso che la mindfulness tratta efficacemente lo stress, l'ansia e altri possibili problemi di umore (Hoffman et al., 2010).

Ma non si ferma qui. Uno studio del 2009 ha indicato che la mindfulness può migliorare notevolmente l'attenzione e la concentrazione. Le persone che hanno partecipato a test specifici hanno ottenuto risultati molto migliori se hanno praticato la mindfulness rispetto a quelle che non l'hanno praticata (Moore & Malinowski, 2009).

Inoltre, uno studio del 2007 ha dimostrato che coloro che hanno praticato la mindfulness hanno affrontato la visione di immagini sconvolgenti o che inducono emozioni molto meglio di coloro che non hanno praticato la mindfulness. Lo studio ha concluso che la mindfulness può ridurre l'impatto delle cose che tendono a provocare una risposta emotiva (Ortner et al., 2007).

Sembra che la mindfulness non abbia solo un buon impatto su se stessi, ma anche sulle relazioni con gli altri. Uno studio del 2007 ha rilevato che coloro che si impegnavano nella mindfulness erano molto più capaci di gestire il tipo di conflitto che emerge nelle relazioni sentimentali; avevano maggiori probabilità di vivere una relazione felice e soddisfacente; inoltre, coloro che praticavano la mindfulness erano in grado di comunicare meglio di coloro che non la praticavano (Barnes et al., 2007).

Una delle conseguenze della pandemia e delle numerose chiusure che si sono verificate in tutto il mondo, è che ha generato molto stress e ansia. È diventato quasi impossibile godersi il presente perché ci preoccupiamo costantemente di ciò che è dietro l'angolo. Tuttavia, la mindfulness somatica può essere introdotta con facilità nella vostra routine quotidiana, riducendo così lo stress e l'angoscia che provate. Non è un'attività che occupa tutta la giornata. Sono sufficienti 20-30 minuti in qualche momento della giornata per rilassarsi e fare il punto su se stessi e sul mondo che ci circonda. Potete fare altre cose mentre iniziate la vostra pratica di mindfulness. Potete lavarvi i denti e pensare ai vostri piedi ben saldi sul pavimento, alla sensazione dello spazzolino in mano e sui denti e al movimento del braccio su e giù o da un lato all'altro mentre vi lavate.

Oggigiorno molte persone hanno la lavastoviglie, ma io non sono tra queste. Un buon effetto collaterale è che posso praticare la mindfulness mentre lavo i piatti. Posso concentrarmi sulla sensazione dell'acqua saponata sulle mani e sul rumore delle posate contro i piatti. Lavare i piatti è un ottimo modo per diventare consapevoli dei panorami e dei suoni e aumentare la propria consapevolezza. Se state mettendo via i vestiti puliti, prendetevi un momento per sentirne l'odore e la sensazione. Potete anche fare dei respiri profondi ed essere consapevoli del vostro respiro mentre li piegate e li mettete via. Se siete amanti della palestra (o anche solo occasionalmente), alla prossima visita provate a correre sul tapis roulant invece di guardare la TV. Invece di ascoltare un ritmo martellante nelle cuffie, cercate di concentrarvi sulla sensazione dei vostri piedi sul tapis roulant mentre vi muovete. Concentratevi sulla respirazione e sul modo in cui questa si accelera man mano che il vostro passo sul tapis roulant accelera.

Tenendo presente questo, come si pratica la meditazione mindfulness nello specifico? La prima cosa da fare è mettersi comodi. Trovate la poltrona più comoda di casa vostra o, se preferite, sedetevi sul pavimento. Non ridete: Conosco alcune persone che preferiscono sedersi sul pavimento piuttosto che su una sedia. Ovunque siate seduti, dovete tenere la schiena dritta, ma non così rigida. Dovete essere in grado di rimanere rilassati. Il luogo prescelto deve essere il più silenzioso possibile, perché non si devono sentire rumori che possano distrarre. Dovete indossare abiti il più possibile comodi, né troppo larghi né troppo stretti, perché non volete che nulla vi distragga dalla meditazione. Per cominciare, forse volete vedere se riuscite a meditare completamente per cinque minuti, poi provate per 10 minuti, poi per 15 o 20 minuti e infine per 30 minuti.

Per cominciare, concentratevi sul vostro respiro. Siate consapevoli del vostro respiro. Notate la sensazione del diaframma che si muove dentro e fuori. Notate l'aria che entra ed esce dalle narici e dalla bocca. Potreste persino percepire il calo di temperatura quando espirate rispetto a quando inspirate.

Lo scopo della meditazione consapevole non è necessariamente quello di fermare completamente i pensieri, ma di esserne consapevoli e di prenderne atto quando si presentano. Non dovete cercare di ignorarli o sopprimerli, ma prenderne atto e mantenere la calma, usando il respiro per impedire alla mente di fuggire con voi. Prendete nota di ogni pensiero e lasciatelo andare, come un prodotto di fabbrica su un nastro trasportatore. Potete farlo tutte le volte che ne avete bisogno durante la meditazione.

Se la vostra mente va in direzioni diverse e cominciate a sentirvi ansiosi o in preda al panico, prendete nota dei vostri pensieri e di ciò che vi ha causato lo stress. Poi tornate a respirare profondamente e lentamente. Non giudicatevi se questo accade spesso. Nel mondo moderno ci sono così tanti aggeggi ed espedienti per distrarci. Non siamo abituati a stare in silenzio, nel presente e nella consapevolezza, quindi non siate severi con voi stessi. La mindfulness consiste nel tornare a respirare e a concentrarsi sul momento.

Come vedete, potete facilmente praticare la mindfulness a casa. Non è necessario essere nello studio di un terapeuta per praticarla. Se avete difficoltà, ci sono migliaia di video su YouTube e molte applicazioni che potete scaricare per aiutarvi nella pratica.

ESPERIENZA SOMATICA

Peter Levine ha sviluppato specificamente l'esperienza somatica (SE) per affrontare le persone che soffrono di traumi. Levine è stato ispirato dall'osservazione di animali spesso predati che si riprendono rapidamente da un potenziale attacco. Hanno seguito un processo fisico per rilasciare l'energia nervosa accumulata durante la minaccia. Levine ha indicato che gli esseri umani non hanno questo rilascio fisico; il trauma rimane nella loro mente e porta a pensieri di ansia, imbarazzo e molti altri sentimenti pericolosi. Lo sfogo che Levine ritiene necessario in natura non si verifica sporadicamente negli esseri umani. L'esperienza somatica è la risposta a questo problema: aiuta gli esseri umani a elaborare il trauma che hanno subito e che è rimasto intrappolato dentro di loro (Osadchey, 2018).

Il sistema nervoso di un essere umano entra in azione ogni volta che ci troviamo in una situazione di pericolo, decidendo la nostra risposta "lottare-scappare-bloccarsi". Lo fa quasi istintivamente, senza bisogno di pensare. Tuttavia, il problema è che quando una persona vive un'esperienza traumatica, in particolare se questa esperienza è stata sepolta e non è stata rilasciata, il sistema nervoso può iniziare a comportarsi in modo anomalo. Inizia a comportarsi come se la persona fosse costantemente minacciata di attacco: ogni situazione diventa potenzialmente traumatica. L'esperienza somatica ritiene che seppellire il trauma provochi i sintomi che spesso osserviamo, come ansia, vergogna e imbarazzo. Se al corpo viene data l'opportunità di elaborare veramente l'esperienza traumatica che ha vissuto, questi sintomi non si manifestano a lungo termine. L'esperienza somatica consiste nel far sì che il corpo e il sistema nervoso tornino ad autoregolarsi e a trovare armonia ed equilibrio nel corpo.

L'esperienza somatica si concentra sui sentimenti e sulle sensazioni che si verificano nel corpo, rendendoli consapevoli e comprendendoli. Questo può intimorire molte persone, che non hanno mai pensato al proprio corpo in questo modo; tuttavia, può essere molto gratificante. Una volta abituati a questi sentimenti e a queste sensazioni, si può iniziare a prenderne nota e, quando si presenteranno in futuro, si potrà evitare che la mente li reprima. È qui che entra in gioco l'armonia tra il cervello e il corpo, che permette di liberare fisicamente il trauma di cui si ha bisogno per guarire.

Come per tutte le terapie di guarigione somatica, la ricerca e le prove in quest'area sono ancora recenti, quindi non esistono prove conclusive. Tuttavia, le prove scientifiche che la SE ha un impatto positivo su coloro che hanno subito un trauma sono in aumento. Sebbene uno studio del 2017 abbia utilizzato solo un piccolo campione di persone, ha rilevato che la SE è un trattamento efficace, in particolare per le persone affette da PTSD (Brom et al, 2017).

Ecco alcuni esercizi di esperienza somatica semplici e facili da fare a casa. Dovreste iniziare a vedere se questa forma di terapia vi si addice e fa la differenza. Sarebbe meglio se cercaste di gestire almeno un minuto di esercizio, preferibilmente, molto più lungo.

- **1:** Sedetevi sulla vostra poltrona preferita e fate caso a come vi sentite. Pensate a come i vostri piedi sono appoggiati sul pavimento; muoveteli da una parte e dall'altra fino a sentire che il pavimento è solo un'estensione dei vostri piedi. Pensate poi a come la vostra schiena e il vostro sedere si sentono sulla sedia o a come la sedia vi sostiene. Se siete inclinati in avanti sulla sedia, assicuratevi di appoggiarvi all'indietro e di permettere alla sedia di sostenervi. Muovetevi sulla sedia fino a raggiungere la vostra zona di comfort ottimale. Prendetevi del tempo per apprezzare il comfort della sedia, il modo in cui vi sostiene e il modo in cui il pavimento sostiene i vostri piedi. Date un'occhiata in giro per la stanza e fuori dalla finestra, se necessario, e cercate qualcosa che vi tranquillizzi e vi faccia sentire felici: potrebbe essere un quadro appeso alla parete o le pareti stesse. Potrebbero essere gli alberi e i cespugli all'esterno, magari gli uccelli che cinguettano e giocano. Forse è il tappeto sul pavimento. Qualunque cosa sia, prendetevi il tempo per apprezzarla e godervi le sensazioni che vi trasmette. Ora che avete fatto tutto questo, vi sentite a vostro agio, sia fisicamente che emotivamente? Se vi prendete il tempo necessario, questo esercizio può davvero fare la differenza nel calmare il vostro sistema nervoso e portare un po' di armonia nel vostro corpo e nelle vostre emozioni.

- **2:** Per il secondo esercizio, prendetevi un momento per assorbire tutto ciò che vi circonda e come vi sentite. Poi, prendete la mano destra e mettetela appena sotto l'ascella sinistra, stringendo il lato del petto. Ora prendete la mano sinistra e appoggiatela sul bicipite, sul gomito o sulla spalla destra, come vi è più facile. A questo punto, prendetevi un po' di tempo per pensare a come vi sentite. Il corpo è freddo o caldo sotto le mani? I vostri vestiti sono morbidi o hanno un tessuto più ruvido? C'è qualcos'altro che notate? Forse sentite il vostro cuore battere; forse siete consapevoli del vostro respiro. Trovate che fare questo sia soddisfacente? Vi dà conforto avvolgere le mani sul vostro corpo in questo modo? Poi, osservate come il resto del corpo risponde a questo tipo di contatto fisico. Provate a fare la stessa cosa con le gambe. Ora confrontate ciò che notate dell'ambiente circostante e come si sente il vostro corpo con ciò che avete osservato all'inizio dell'esercizio. Nei momenti di ansia o di stress, questo tipo di esercizio può restituire al corpo un po' di conforto e di pace attraverso il contatto fisico.

- **3:** Uno dei migliori esercizi è ricordare un momento in cui qualcuno vi ha mostrato gentilezza. Anche nel mondo e nella vita più dura, c'è almeno una persona che, a un certo punto, ci mostra gentilezza. Se siamo fortunati, ci sono molte persone nel corso della nostra vita. Cercate di ricordare le volte in cui qualcuno vi ha dimostrato la sua gentilezza. Ricordate le parole pronunciate, i gesti delle mani, le espressioni del viso e tutto ciò che ha fatto parte di quel gesto di gentilezza. Mentre ricordate questo momento, fate caso a come il vostro corpo risponde a questo ricordo: tutto ciò che vedete, sentite e provate. È come se vi foste trasportati indietro nel tempo fino a quel momento. Ora confrontate ciò che avete provato in quel momento con ciò che provate ora mentre ricordate l'esperienza. Se a seguito di questo ricordo emergono ricordi negativi, cercate di metterli in una cartella immaginaria e concentratevi solo sul ricordo dell'atto di gentilezza. Al termine dell'esercizio, annotate come vi sentite ora, come si sente il vostro corpo e come vi sentite con l'ambiente circostante. Questo è un ottimo modo per calmarsi e ricordare che non tutti vogliono farci del male. Non dovete sentirvi stressati da tutti quelli con cui venite in contatto; là fuori ci sono persone gentili pronte ad esserlo con voi.

- **4:** Come per l'inizio della maggior parte di questi esercizi, per prima cosa prendete nota dell'ambiente circostante e dei vostri sentimenti ed emozioni generali. Poi, cercate di ricordare nelle ultime 24 ore (o più a lungo, se necessario) quando vi siete sentiti veramente voi stessi o la persona che volete essere. Ricordate questo momento nel modo più dettagliato possibile, quasi come se lo steste rivivendo. Prendete nota di ciò che avete provato in quel momento e di ciò che accadeva con i vostri cinque sensi. Poi, di nuovo, ricordate quando siete stati l'ultima volta più simili a voi stessi o alla persona che volete essere, ma questa volta nelle ultime settimane. Anche in questo caso, cercate di ricordare quanti più dettagli possibili, come se lo steste rivivendo, e annotate come si sentiva il vostro corpo in quel momento. Poi, come al solito, alla fine dell'esercizio, osservate come vi sentite rispetto all'ambiente circostante, alle sensazioni generali e alle emozioni rispetto a come vi sentivate all'inizio. Questo esercizio è utile per riportarvi a voi stessi, lontano da tutta la confusione e la follia che a volte sentite nel mondo.

- **5:** Questo esercizio comporta l'emissione di rumori vocali, quindi è consigliabile recarsi in un luogo dove si è veramente soli prima di eseguirlo. Come sempre, iniziate a notare l'ambiente circostante e le vostre emozioni e sensazioni generali. Poi, pensate al tipo di suono che emette un corno da nebbia. Fate un respiro molto profondo e cercate di emettere il suono di un corno da nebbia. Il suono deve essere di tonalità sufficientemente bassa da essere percepito come un riverbero intorno al corpo. Vedete fino a che punto riuscite a sentirlo nel vostro corpo, forse fino al fondo della pancia e forse fino alle gambe. Quando sentite che il suono termina (spesso viene descritto come il suono "voo"), lasciate che il respiro successivo avvenga in modo naturale. Potete prendervi il tempo necessario, non c'è bisogno di affrettare il respiro. Se vi sentite confortati e in armonia, allora mantenete questa sensazione. Per alcune persone, tuttavia, il suono del corno da nebbia può avere un effetto inquietante; se questo è il vostro caso, tornate a uno degli altri esercizi per ritrovare l'armonia. Se il suono del corno da nebbia vi ha confortato, provate di nuovo. Vi sentite ancora più confortati e in armonia? Non consiglierei però di ripetere il suono per più di tre volte. Analogamente alla fine degli altri esercizi, come vi sentite ora?

Confrontatelo con come vi sentivate all'inizio dell'esercizio. Questo può essere un ottimo esercizio per aiutare a stabilizzare il nucleo del corpo. Il riverbero del suono intorno al corpo può aiutare i muscoli a rilassarsi e a sciogliere eventuali tensioni.

IL POTERE DI GUARIGIONE DEL RESPIRO: IL LAVORO DI RESPIRAZIONE SOMATICA

Tutti noi diamo per scontata la respirazione. Si dà il caso che non ci si debba pensare affatto, ma questo è parte del problema. Non respiriamo profondamente come dovremmo, i nostri diaframmi si irrigidiscono e non sono rilassati. Concentrandoci sulla respirazione, ci prendiamo cura di noi stessi sia fisicamente che mentalmente. Possiamo controllare la nostra respirazione e respirare al ritmo che scegliamo. Quando respiriamo, abbiamo anche l'opportunità di essere consapevoli del nostro corpo e di come si sente.

Si ritiene che la respirazione influisca in modo significativo sulla pressione sanguigna, sulla frequenza cardiaca e sulla capacità delle arterie di far scorrere il sangue. Non c'è da stupirsi che la respirazione sia una delle prime cose a sfuggire al controllo quando siamo ansiosi o stressati. Si ritiene inoltre che respirare profondamente possa migliorare l'umore. Le persone hanno anche riferito di dormire meglio e di avere meno risvegli durante la notte. Dipende, però: fare solo un minuto qui o là avrà un impatto molto minore rispetto a 30 minuti di respirazione profonda giorno dopo giorno. I risultati per l'abbassamento della pressione sanguigna sono stati positivi anche un mese dopo per coloro che sono riusciti a mantenere la regolarità. Forse si tratta di buon senso, ma respirare più ossigeno fa sì che l'ossigeno fluisca attraverso le cellule del sangue e i tessuti nervosi. Per coloro che hanno partecipato alla respirazione profonda, è stato riportato che l'utilizzo dell'ossigeno è aumentato del 37% (Hadley, 2017). Uno studio del 2017 ha anche rilevato che la pressione sanguigna è stata abbassata utilizzando la respirazione profonda per coloro che soffrono di ipertensione (Janet & Gowri, 2017). Uno studio del 2019 ha sostenuto la teoria secondo cui la respirazione lenta e profonda è uno strumento migliore per combattere l'insonnia rispetto all'ipnosi o ad alcune opzioni farmaceutiche (Jerath et al., 2019).

Come in tutte le terapie somatiche, la respirazione somatica consiste nel prendere atto del nostro corpo e del suo funzionamento. Si tratta di prestare attenzione alla sensazione dello stomaco e della pancia che si contraggono dentro e fuori, della zona costale e del torace mentre si respira. Attraverso la respirazione somatica, si diventa anche molto più consapevoli della mascella, della gola, del diaframma e delle spalle nel movimento e nella respirazione. Se ci concentriamo sul nostro respiro e su ciò che fa il nostro corpo, smettiamo di far correre la nostra mente con tutte le sue preoccupazioni. Cominciamo a vivere veramente nel momento presente e ci fermiamo a sentire il profumo delle rose o a respirarne l'aroma..

Si può praticare la respirazione somatica sia da seduti che da sdraiati sulla schiena. Si è consapevoli dei respiri che si fanno. Non si tratta della solita respirazione involontaria, che avviene senza che ci si pensi. Non ci sono pause tra l'inspirazione e l'espirazione e il respiro può avvenire attraverso il naso o la bocca. Questo tipo di respirazione dovrebbe consentirvi di sciogliere alcune tensioni fisiche. Quando si impara a respirare usando il diaframma e a rilassarsi quando si espira, si ha la possibilità di liberare sentimenti ed emozioni molto più profondi. Parlerò della respirazione diaframmatica più avanti in questo capitolo.

Sebbene la respirazione somatica possa essere utile a chi soffre di PTSD, la respirazione può essere uno degli elementi che scatenano i sintomi del PTSD. Se siete affetti da PTSD e state pensando di sperimentare il lavoro di respirazione, dovete fare molta attenzione e ricordare che è a vostro rischio e pericolo e che siete responsabili della vostra salute e del vostro benessere. Se avete dei dubbi, rivolgetevi a un medico.

Ecco un esercizio di respirazione semplice da seguire:

- Fate un respiro normale. Dovreste accorgervi di voler fare un respiro più profondo, come quando sospirate.
- Espirare. Questo dovrebbe durare da sei a otto secondi, espirando quasi completamente.
- Rimanete delicatamente fermi in modo da trattenere il respiro.
- A questo punto, concentratevi sulla sensazione di dover fare un altro respiro. Che cos'è fisicamente questa sensazione e dove la sentite nel vostro corpo. Soffermatevi su queste sensazioni e sentimenti per un momento.
- Quanto più si è interessati a questi stati d'animo e

a queste sensazioni, tanto più ci si accorgerà di poter trattenere il respiro.

- Quando il bisogno di inspirare di nuovo diventa evidente, annotate la sensazione che provate e notate che potete cedere o continuare a trattenere il respiro per qualche altro secondo. Poi, quando lo desiderate, inspirate di nuovo. In questo modo, ora siete voi a controllare il vostro respiro, non il vostro subconscio.
- Ripetere questo esercizio per cinque minuti.

Forse avete sentito parlare del diaframma, ma probabilmente non gli avete mai prestato attenzione o non sapete esattamente cosa o dove si trova. Il diaframma è un muscolo importante che si trova appena sotto l'area polmonare e contribuisce a garantire il movimento dell'aria all'interno e all'esterno dei polmoni. In effetti, il diaframma è utilizzato nell'80% della respirazione. La respirazione è molto più efficiente quando si usa il diaframma che quando si usano altri muscoli (Esercizi di respirazione diaframmatica, n.d.). Quando una persona inspira, il diaframma si restringe e si dirige verso il basso, mentre quando espira, il diaframma si allenta e si dirige verso l'alto, aiutando a spingere l'aria fuori dai polmoni. Considerando che un essere umano medio respira 23.000 volte al giorno, il che equivale a otto milioni di respiri all'anno, possiamo capire quanto sia importante il muscolo del diaframma (Respirazione diaframmatica: tutto, n.d.).

Quando si respira senza pensare, raramente si utilizza tutta la capacità dei polmoni e si parla di respirazione superficiale. La respirazione diaframmatica, invece, utilizza la respirazione profonda per sfruttare appieno questa capacità. A volte è nota anche come "respirazione di pancia". Questo perché utilizza pienamente lo stomaco, i muscoli addominali e il diaframma ad ogni respiro. Si tratta di spostare consapevolmente il diaframma verso il basso quando si inspira, assicurando che i polmoni si riempiano d'aria in modo molto più efficiente. Una persona dovrebbe rendersi conto che lo stomaco si muove su e giù; dovrebbe sentire lo stomaco che si contrae e si rilassa, invece di sentirlo solo nel torace e nelle spalle come avviene con la respirazione superficiale.

Per verificare se si tende a respirare con il diaframma o con il torace, appoggiare la mano destra sul petto e la sinistra sullo stomaco e respirare. Se la mano destra si alza per prima, significa che state usando il petto per respirare. Se la mano sinistra si alza per prima, si sta usando il diaframma. Ho notato che quando sono ingobbito sulla scrivania di casa al computer portatile e mi fermo per fare questo test, è la mano destra che si alza per prima. Se invece mi siedo dritto sulla sedia, la mano sinistra si alza per prima. La quantità di tempo che le persone trascorrono sedute in posizioni di cattiva postura è una preoccupazione di medici e scienziati. Essa provoca sintomi come il mal di schiena e una respirazione superficiale. Questo impedisce all'organismo di ricevere ossigeno a sufficienza. Non c'è da stupirsi se dopo un po' di tempo tendo a essere stordito quando sono in posizione accovacciata davanti al computer.

È sufficiente praticare la respirazione diaframmatica per un massimo di 10 minuti, idealmente per tre o quattro volte nel corso della giornata. A casa dovreste riuscire a trovare un momento per sdraiarvi e praticare la respirazione. Cercate di trovare un luogo libero da distrazioni, quindi state lontani dalla TV e lasciate lo smartphone in un'altra stanza. Lasciate il vostro partner, i bambini o gli animali domestici in una stanza separata. Si vuole essere sicuri di non essere interrotti mentre si eseguono gli esercizi di respirazione. Come per tutte le tecniche somatiche, dovete concentrarvi su ciò che il vostro corpo sente mentre sperimentate la respirazione.

Se lo ritenete utile, potete impostare una sveglia per sapere quando fare una pausa ed eseguire gli esercizi. Spesso è utile ricordare che si respira sempre, quindi non si tratta di uscire dal proprio percorso per fare qualcosa; lo si sta già facendo, basta concentrarsi e notarlo.

Esistono molte versioni diverse della respirazione diaframmatica, ma per eseguire la versione più elementare è necessario eseguire le seguenti operazioni:

- Trovate una superficie piana su cui sdraiarvi. Per la maggior parte delle persone è presumibile che si tratti del pavimento. Posizionate un cuscino o un'imbottitura sotto la testa e anche sotto le ginocchia. I cuscini non sono indispensabili, ma se li avete è bene usarli perché vi aiuteranno a mantenere il corpo nella posizione più comoda possibile.

- Mettere una mano verso la parte superiore del petto, nell'area centrale.

- Appoggiare l'altra mano sullo stomaco, appena sotto la cassa toracica ma sopra il diaframma..

- Inspirare solo attraverso le narici, aspirando l'aria verso il basso, in direzione dello stomaco. Lo stomaco deve salire contro la resistenza della mano, mentre il movimento del torace deve essere limitato.

- Espirare attraverso la bocca, ma non aprire completamente la bocca. Mantenete le labbra un po' chiuse. Lo stomaco deve rilassarsi e rientrare e, ancora una volta, non deve esserci alcun movimento nel petto.

Come ogni cosa nuova, la respirazione diaframmatica può sembrare strana all'inizio o faticosa. Tuttavia, come per qualsiasi altra cosa nella vita, più ci si esercita e più diventa facile. Si consiglia di contare un numero nella propria testa ad ogni respiro. A volte questo può aiutare una persona a rilassarsi ulteriormente e a sapere quanti respiri ha completato. Può anche aiutare a non distrarsi troppo facilmente.

Quando si ritiene di aver acquisito una buona padronanza di questa pratica da sdraiati, si può passare a praticarla da seduti o addirittura in piedi. Questo aumenta le opportunità di praticare quando e dove. Ciò significa che potete praticarlo anche seduti alla scrivania al lavoro, in fila, guardando la TV, seduti sull'autobus o in qualsiasi altro modo possiate immaginare. Una volta che riuscite a esercitarvi con successo da seduti e in piedi, si apre un mondo completamente nuovo di opportunità e di possibilità per portare avanti la vostra pratica. Fate attenzione a che, quando vi eserciterete, la testa, il collo e le spalle si muovano il meno possibile quando siete seduti o in piedi. Non siate duri con voi stessi se le cose non vanno come sperate o se la respirazione non sembra funzionare. Questa è la pratica. Più lo fate e vi abituate, più diventerete bravi e vi sentirete a vostro agio. Nessun altro vi giudicherà in base al vostro comportamento, quindi non giudicate voi stessi. Ci arriverete con molta pratica. Dovete anche continuare a praticarlo regolarmente. Il vostro corpo ha la memoria di un pesce rosso piuttosto che di un elefante quando si tratta di respirazione diaframmatica, quindi non ricorderà quando l'avete fatta in passato. È necessario continuare a esercitarsi regolarmente perché abbia effetto.

Perché praticare la respirazione diaframmatica? Tanto per cominciare, il diaframma è un muscolo, che quindi si rafforza semplicemente facendo questo esercizio. Già solo per questo vale la pena di praticarla, ma tra gli altri benefici citati ci sono il rafforzamento del cuore e la riduzione della frequenza cardiaca e della pressione sanguigna (Johnson, 2020).

L'aspetto positivo della respirazione diaframmatica è che si stanno accumulando prove che indicano che può aiutare positivamente ad alleviare lo stress e l'ansia. Uno studio del 2017 ha rilevato che riduce gli ormoni dello stress nel corpo, riducendo quindi potenzialmente anche le sensazioni di stress e ansia in una persona (Ma et al., 2017). Ciò è stato ulteriormente confermato da una revisione di studi e prove del 2019 che ha concluso che la respirazione diaframmatica può essere utilizzata come strumento per ridurre lo stress (Hopper et al., 2019).

Tuttavia, supponiamo che una persona ansiosa provi la respirazione diaframmatica e scopra che non funziona. In questo caso, la respirazione diaframmatica potrebbe aumentare l'ansia, quindi è bene rivolgersi a un medico prima di intraprendere questo tipo di esercizi.

❧ 4 ❧

DARE FORZA A SE STESSI COMPRENDENDO IL PTSD E IL TRAUMA DA ATTACCAMENTO

Il disturbo post-traumatico da stress (PTSD) può manifestarsi dopo aver vissuto o essere stati protagonisti di un evento traumatico. Il disturbo da stress post traumatico si manifesta di solito quando le persone sono state coinvolte in eventi veramente terribili e non solo in eventi traumatici minori. È anche giusto dire che il fatto che una persona subisca un trauma non significa che svilupperà il PTSD: Dipende da ogni individuo. I sintomi del PTSD possono includere flashback, incapacità di pensare a qualcosa di diverso dall'evento e ansia a livelli molto gravi. A volte questi sintomi si manifestano entro un mese dall'evento, altre volte si manifestano diversi anni dopo l'evento.

Il disturbo post-traumatico da stress complesso (CPTSD) è fodamentalmente un PTSD che manifesta sintomi aggiuntivi in seguito a un evento traumatico. Può essere difficile tenere sotto controllo le emozioni; ci si può sentire molto arrabbiati con il mondo; si può avere difficoltà a fidarsi di qualcuno o di qualcosa; si può avere la sensazione che manchi qualcosa o che non si valga nulla e che nessun altro al mondo possa capire noi o il modo in cui ci sentiamo. Tutto questo può portare a dissociarsi dalle relazioni o dalle amicizie e può provocare dolori fisici, come mal di testa e dolore al petto. Il PTSD complesso comprende flashback come il PTSD, ma si tratta di flashback più emotivi, per cui non ci si limita a rivivere l'evento in sé, ma tutte le emozioni provate in quel momento. Queste emozioni vengono poi riproposte nel presente, anche se il flashback è la causa di tali emozioni.

I traumi da attaccamento che si verificano all'inizio della vita del bambino, di solito a causa di negligenza e abusi, possono derivare da qualcosa come la separazione da una persona di riferimento a causa di problemi di salute o di morte. Non è sempre detto che il trauma da attaccamento sia immediatamente riconducibile ai genitori e che il trauma sia colpa dei genitori. I traumi possono provenire da molte direzioni e persone diverse, quindi dobbiamo tenerne conto. Poiché non possiamo ricordare i ricordi prima dei quattro o cinque anni, pensiamo di non poter ricordare gli eventi traumatici. Tuttavia, il nostro cervello e il nostro corpo lo hanno ricordato anche se la nostra memoria non può farlo. Questi sentimenti ed emozioni possono quindi manifestarsi più avanti nella vita. Il trauma di solito si manifesta con elementi quali la paura delle relazioni, un costante senso di vergogna o la convinzione di essere indegni dell'amore altrui. Poiché la persona può non avere memoria del motivo per cui si è verificato, può essere molto più difficile da trattare rispetto ad altri traumi.

Come ho accennato in precedenza, non tutti svilupperanno un PTSD, un CPTSD o un trauma da attaccamento a causa di eventi traumatici. Alcuni subiranno traumi minori e altri non subiranno nulla, anche se si stima che il 70% degli adulti americani abbia subito un evento traumatico in qualche momento della propria vita (Eckelkamp, 2019). Il trauma non è solo qualcosa che accade ad altre persone, ma è probabile che tutti noi lo affrontiamo nella nostra vita. Anche i traumi generici devono essere affrontati, altrimenti possono causare problemi mentali e fisici. Il trauma può essere definito come qualsiasi cosa che ci fa rimanere bloccati in uno schema fisico, emotivo o comportamentale (Cutler, n.d.). L'elaborazione e il superamento del trauma finiscono spesso per essere interrotti; di conseguenza, il trauma finisce per essere immagazzinato nel nostro corpo e non viene mai veramente rilasciato. Il trauma immagazzinato può spesso portare al dolore fisico e all'angoscia psicologica che ne deriva.

È qui che entrano in gioco la terapia e la guarigione somatica. La respirazione profonda, l'esperienza somatica e il movimento possono aiutare ad alleviare i traumi bloccati nel corpo, iniziando a rilasciare la tensione in modo delicato e lento. Forse questi metodi permetteranno al vostro cervello di elaborare cose che avevate da tempo consegnato al "cestino" del cervello.

È un triste circolo vizioso quello per cui la disabilità e la malattia cronica possono causare traumi a breve e a lungo termine, ma poi chi subisce un trauma, se non viene trattato correttamente, finisce per sviluppare condizioni e sintomi fisici. Pertanto, chi sviluppa una malattia cronica può anche esserne traumatizzato e, a sua volta, se non è in grado di liberarsi da quel trauma, può finire per sentirsi ancora più malato e sviluppare ulteriori dolori fisici.

La diagnosi di disabilità o di malattia cronica può essere un evento molto traumatico. È probabile che una persona provi ogni sorta di sentimenti opprimenti e, poiché si inizia a parlare di cure o di passi successivi, non sempre ha la possibilità di elaborare il trauma. È preoccupante la stima che tra il 12% e il 25% di coloro che sviluppano malattie potenzialmente letali sviluppino il PTSD (Virant, 2019). Non sorprende che le persone che vivono questo tipo di esperienze sviluppino spesso una paura degli ospedali o dei medici. La cosa più preoccupante è che può trasformarsi in una totale sfiducia nei confronti dei medici e nel desiderio di evitare di avere a che fare con la malattia. Ad esempio, la persona affetta inizia a "dimenticare" di prendere le medicine o di presentarsi agli appuntamenti. La disabilità e la malattia cronica spesso mettono in discussione il proprio posto nel mondo e ciò che si è sempre creduto vero. Fanno riflettere sulla morte, su quanto siamo tutti vulnerabili e su quanto crediamo di essere impotenti. Dovendo vivere emozioni ed esperienze di questo tipo, non sorprende che le persone affette da malattie e disabilità sviluppino traumi.

Come ho accennato quando ho iniziato a parlare di CPTSD, le relazioni sono troppo spesso una delle cose che colpiscono duramente chi soffre di un trauma. È comprensibile che una persona che soffre di un trauma possa trovare difficile instaurare relazioni durature. Può capitare di sentire il pericolo dietro ogni angolo e fidarsi di nuovi o vecchi amici può diventare estremamente difficile. La rabbia che una persona può provare per aver perso il controllo sulla vita che crede di aver perso o l'impotenza che sente può essere collegata alla malattia cronica. Questo può comportare che la persona si scagli contro le persone a lei vicine. La persona si sente minacciata da tutti, quindi si sfoga e diventa un meccanismo di difesa. Non possono farti del male se prima tu fai del male a loro.

A seconda del tipo di trauma che si sta vivendo e dell'esperienza traumatica vissuta, si possono provare sentimenti di vergogna, sentirsi non degni dell'amore di un'altra persona o sentirsi completamente non amabili. Può anche capitare di sentirsi in colpa per l'accaduto, di pensare che in qualche modo l'evento sia stato colpa loro o che se lo siano meritato, invece di rendersi conto che la colpa è di chi l'ha commesso. Avendo vissuto eventi così traumatici, la persona crede che nessun altro possa capirla, quindi affronta il peso da sola e non lo condivide con le persone più vicine. Sebbene i racconti che seguono siano di fantasia, li userò come esempi. Non ho dubbi che gli scrittori abbiano fatto ricerche approfondite sui sopravvissuti al trauma per assicurarsi che i loro personaggi si comportassero in modo autentico. Il primo esempio è una trama tratta da una popolare serie drammatica moderna. In un esempio, il personaggio, June, è finalmente fuggito in Canada da Gilead, dove ha vissuto tutte le sue esperienze traumatiche. Sembra piuttosto incapace di condividere le sue esperienze con qualcuno. Tuttavia, la persona con cui sembra decisamente incapace di condividere i suoi eventi è suo marito, che è stato in Canada mentre lei era a Gilead (Miller et al., 2017-oggi). Un altro esempio è tratto da una famosa soap opera australiana, dove uno dei personaggi, Marilyn, vive un evento traumatico condiviso con altri personaggi, ma non con il marito. In seguito a questo evento, sente che l'unica persona con cui può parlarne è uno degli altri personaggi che hanno vissuto la stessa esperienza. Diventa sempre più distante dal marito, che ritiene non possa capire quello che ha passato o quello che sta provando, fino a culminare nel divorzio, anche se questo non è l'unico motivo per cui divorziano (Holmes & McGauran, 1988-oggi). Questi due esempi fittizi sono utili per evidenziare esattamente i tipi di sentimenti ed emozioni che una persona che ha subito un trauma può manifestare. Indicano come il trauma possa avere un impatto sulle relazioni con le persone più vicine.

Inoltre, può far sì che la persona che ha subito un trauma finisca per isolarsi. Purtroppo, durante una pandemia, è una cosa che facciamo tutti. Tuttavia, coloro che hanno subito un trauma lo fanno di proposito: mettono le distanze dai loro partner, dagli amici, dalle famiglie e dai colleghi e forse si allontanano anche dalla vita stessa. Si distaccano e possono non provare alcun sentimento, diventando quasi insensibili a tutto ciò che li circonda. Alcuni soggetti possono diventare molto ansiosi e iniziare a manifestare i sintomi del trauma ogni volta che c'è la possibilità di essere rifiutati, ad esempio da un potenziale partner. Altri possono andare nella direzione opposta e diventare completamente dipendenti da qualcuno o diventare iperprotettivi nei confronti dei propri cari. Se si tratta di bambini, la situazione può iniziare a ripercuotersi sulla vita del bambino, che non fa nulla che possa metterlo anche solo minimamente in pericolo. Questo vale per qualsiasi cosa. Alzarsi dal letto la mattina è un rischio. Non c'è nulla nella vita che non sia a rischio, quindi questo può diventare problematico se il trauma di un genitore si manifesta in questo modo. Alcune persone possono trovare estremamente difficile avere qualsiasi tipo di rapporto fisico, essere in grado di mettersi in situazioni di intimità o trovare relazioni sessuali soddisfacenti. Tutti i sentimenti, le emozioni e i comportamenti che ho descritto possono essere sconcertanti e sconvolgenti, ma sono tutte cose normali da pensare e provare se si è stati vittime di un trauma. Non dovete colpevolizzarvi ulteriormente. È comprensibile che un trauma possa causare questo tipo di problemi; non dovete sentirvi peggio con voi stessi perché non riuscite a far funzionare la vostra relazione dopo aver subito un trauma.

LA REAZIONE DI LOTTA, FUGA, BLOCCO O COMPIACIMENTO VERSO QUALCUNO

Le risposte di lotta, fuga, congelamento o compiacimento sono le nostre risposte quando incontriamo ciò che pensiamo sia una minaccia o un pericolo per noi. Lo facciamo automaticamente e inconsciamente senza nemmeno pensarci. La lotta, la fuga e il blocco sono risposte ben note, ma anche il compiacimento è una possibile risposta.

La fuga è il nostro desiderio di scappare o fuggire dalla situazione che ci mette in pericolo. Si tratta di una reazione perfettamente accettabile e non è in alcun modo vigliacca, come potrebbero considerarla alcune persone con un atteggiamento spavaldo. Dopo tutto, se si è bloccati in un edificio in fiamme, la risposta migliore è quella di scappare. I segnali che indicano che si è in modalità di fuga sono i seguenti:

- Le gambe si sentono molto agitate o irrequiete.
- Le dita delle mani, dei piedi, le orecchie e il naso (o qualsiasi combinazione di essi) diventano insensibili.
- Gli occhi si muovono molto o si dilatano..
- I muscoli e il corpo si tendono.
- Ci si sente prigionieri e in trappola.

Combattere è esattamente ciò che indica: Diventa una

risposta aggressiva alla situazione. Alcuni indicatori del fatto che ci si trova in una modalità di "lotta" sono i seguenti:

- Scoppi in lacrime.
- Avete un desiderio irrefrenabile di prendere a pugni qualcosa o qualcuno.
- Si digrignano i denti o si avverte un irrigidimento della mandibola.
- Avete voglia di battere i piedi o di prendere a calci qualcosa o qualcuno.
- Si prova un profondo, bruciante senso di rabbia.
- Immaginate la possibilità di fare del male a qualcuno, forse anche a voi stessi.
- Si avverte dolore o una sensazione di bruciore alla bocca dello stomaco.

La modalità di lotta significa che di solito attaccate la fonte del pericolo. Questa può essere una reazione molto benefica, a meno che la fonte che state attaccando non sia in grado di causare molti più danni a voi che a loro stessi.

La risposta di blocco è meglio spiegata come l'incapacità di fare qualcosa di fronte al pericolo e letteralmente ci si "congela". È come quando un "cervo viene sorpreso dai fari". Quando un cervo si trova in mezzo all'autostrada e vede un'auto che gli viene incontro, si blocca e l'auto sterza per evitarlo o, purtroppo, lo colpisce. Forse è capitato anche a voi: a me è capitato. Mi è successo di uscire in strada senza prestare attenzione e, quando ho visto l'auto venire verso di me, invece di correre fuori strada, mi sono bloccato e sono sopravvissuto solo perché il conducente ha fermato l'auto in tempo. Alcuni indicatori di una reazione di blocco sono i seguenti:

- Il corpo sente freddo.
- Il corpo si sente intorpidito.
- You go very white—particularly in the face.
- Le gambe sembrano di piombo ed è difficile muovere il corpo.
- Vi sentite molto nervosi e ansiosi.
- La frequenza cardiaca diminuisce e si può sentire il battito del cuore.

Ma che dire della risposta "compiacimento"? Si tratta di una risposta molto meno conosciuta. Si tratta di una risposta che ci spinge a intraprendere qualsiasi cosa o a fare qualsiasi cosa per placare la situazione. Può essere particolarmente diffusa tra coloro che hanno subito un trauma infantile. È probabile che nella loro vita ci sia stato qualcuno a cui avrebbero fatto o detto qualsiasi cosa solo per evitare lo scenario traumatico che si sarebbe presentato in caso contrario. Questo tipo di risposta di compiacimento viene poi spesso portata avanti fino all'età adulta, con il rischio di ritrovarsi in relazioni e situazioni malsane.

Poiché la risposta di compiacimento si verifica spesso durante l'infanzia, può essere difficile per una persona riconoscere ciò che sta accadendo quando è adulta. Di conseguenza, è la risposta predefinita alle situazioni pericolose. Tuttavia, ci sono alcuni segnali di pericolo che voi (o qualcuno) potreste dimostrare con la risposta "compiacimento":

- Per capire come vi sentite in una relazione o in una situazione, guardate come si sentono le altre persone.

- Anche quando si è soli, è difficile capire cosa si prova.

- Vi sembra di non avere una personalità, un carattere o un'identità individuali.

- Cercate sempre di compiacere gli altri nella vostra vita, invece di concentrarvi e mettere voi stessi al primo posto.

- In caso di conflitto, la prima cosa che fate è cercare di compiacere o cedere alla persona arrabbiata o infastidita.

- Non tenete conto delle vostre convinzioni o opinioni e accettate come vere solo quelle di chi vi circonda.

- Potreste scoprire di dare strane risposte emotive a cose che, in apparenza, non sembrano importanti. Per esempio, potreste reagire con rabbia a un estraneo o ritrovarvi improvvisamente con un sentimento di tristezza, che può verificarsi nel corso della giornata.

- Ci si sente spesso in colpa e arrabbiati con se stessi.

- È difficile dire "no" a qualcuno.

- Tutto può diventare troppo per voi, ma siete comunque disposti a fare di più se vi viene richiesto.

- Non è facile definire i confini e vi accorgete di essere spesso sfruttati in una relazione.

- Non siete contenti, siete insicuri o addirittura spaventati quando vi viene chiesto di esprimere la vostra opinione.

Per chi soffre di PTSD, CPTSD o trauma da attacca-mento, esiste già un livello di autocolpevolizzazione e recrimi-nazione che può solo peggiorare se la risposta predefinita al pericolo è una risposta di compiacimento. Questo è uno dei tanti motivi per cui è essenziale imparare perché queste risposte si verificano e cosa possiamo fare per disattivarle.

Si parla anche di una quinta risposta, nota come "flop". Si tratta del caso in cui una persona diventa del tutto priva di reazione alla situazione che si sta verificando e può persino perdere conoscenza. Il termine deriva dal modo in cui il corpo si muove come se fosse un fantoccio.

Tutte queste risposte sono perfettamente naturali e le persone dimostrano reazioni diverse in momenti diversi. Tuttavia, possono diventare preoccupanti quando percepiamo minacce che non ci sono, o diamo la risposta sbagliata alla situazione. Questi tipi di problemi si verificano di solito quando siamo rimasti bloccati in queste risposte a causa di traumi passati che abbiamo subito. Per liberarci da queste risposte che ci intrappolano, dobbiamo diventare più consa-pevoli di come sentirci sicuri, confortati e senza tensioni all'interno del nostro corpo. Dovremmo utilizzare esercizi che ci permettano di rilasciare in modo sicuro alcuni di questi traumi, il che dovrebbe significare una minore dipendenza dalle nostre risposte di lotta, fuga, blocco o compiacimento.

Peter Levine ha basato la sua teoria e il suo lavoro "Somatic Experiencing" sul fatto che ha osservato gli animali in natura. Nonostante fossero costantemente in pericolo da parte dei predatori, fossero inseguiti da questi ultimi e talvolta venissero momentaneamente catturati ma riuscissero a fuggire, gli animali non subivano traumi. Continuavano a vivere come avevano sempre fatto. Levine notò che gli animali, dopo un episodio del genere, tendevano a tremare, per cui si convinse che gli animali selvatici erano in grado di "scrollarsi di dosso" il trauma, mentre gli esseri umani avevano perso questa capacità. Poiché gli esseri umani hanno perso la capacità di scrollarsi di dosso il trauma, quest'ultimo può finire bloccato nel corpo e solo con l'aiuto della terapia somatica può essere rilasciato lentamente e con attenzione (Osadchey, 2018).

Vi fornirò un esercizio molto semplice da seguire per disattivare le risposte di lotta o fuga e rimanere calmi e razionali. Si tratta di un semplice esercizio di radicamento e, come tutti gli esercizi di guarigione somatica, agisce dal corpo verso il cervello e non viceversa. Questo ha senso perché non possiamo pensare di uscire da queste situazioni o di non sentirci ansiosi, ma possiamo fare in modo che il nostro corpo si rilassi, sia calmo e dica al nostro cervello che tutto va bene.

ESERCIZIO DI RADICAMENTO

Poiché la modalità "combatti o fuggi" può farvi sentire quasi distaccati dal vostro corpo o come se il vostro corpo fosse incapace di fare ciò che volete, un modo per riportarvi a uno stato meno ansioso è quello di riunire il vostro cervello con il vostro corpo. Un modo per farlo è mettere qualcosa di caldo o freddo contro il corpo. Ovviamente, fate attenzione a non scottarvi o a non congelarvi. Se si mette qualcosa di leggermente caldo o freddo sul corpo, si dovrebbe ricongiungere il cervello con il proprio corpo, lasciando che il cervello si concentri sulle sensazioni che si provano, invece di concentrarsi su falsi pericoli o su pericoli imminenti.

TRAUMA DA ATTACCAMENTO

Ho accennato brevemente al trauma da attaccamento all'inizio di questo capitolo e ora lo tratterò in modo molto più dettagliato in questa sezione.

Il trauma da attaccamento si verifica quando si verifica un'interruzione dei normali processi di legame tra un neonato o un bambino e le sue principali figure di riferimento, siano esse i genitori o altri tutori. Può essere il risultato di un abuso o di una negligenza, ma anche di una generale mancanza di affetto o di un abbandono non imputabile al soggetto che se ne prende cura.

La psicologia identifica quattro principali stili di attaccamento che un bambino può sperimentare all'inizio della sua vita con il proprio accudente. Questi stili, qualsiasi siano, è probabile che influenzino il bambino una volta diventato adulto:

- **1: Sicurezza:** le persone che si sentono sicure sono cresciute con persone di riferimento attente, amorevoli e sensibili ai bisogni del bambino. Se una persona ottiene l'attaccamento di sicurezza, è probabile che si senta a proprio agio nel mostrare e parlare delle proprie emozioni, che mostri fiducia in se stessa nelle relazioni e che sia in grado di affrontare situazioni difficili e sentimenti infelici in modo sano.

- **2: Rifiuto:** il rifiuto si verifica quando un soggetto che si prende cura del bambino non risponde o non è sensibile nei suoi confronti quando è ferito o in preda all'angoscia. I bambini che sperimentano questo tipo di attaccamento-rifiuto probabilmente cresceranno senza mostrare le proprie emozioni e non guarderanno a chi li accudisce per avere sicurezza e conforto. Da adulti, è probabile che siano distanti nelle relazioni e non siano in grado di mostrare o parlare delle loro emozioni.

- **3: Resistenza**: l'attaccamento resistente si sviluppa se il soggetto che si prende cura del bambino non è coerente o non è prevedibile nel modo in cui risponde all'angoscia o al turbamento del bambino. Il bambino può ricorrere a metodi estremi per ottenere una risposta adeguata da parte di chi lo accudisce. In età adulta, questo può manifestarsi come una persona molto bisognosa e appiccicosa in una relazione e non è affatto sicura di essere amata dal partner.

- **4: Disorganizzazione**: un attaccamento disorganizzato si forma quando il comportamento del tutore è insolito o, in qualche modo, spaventevole. Il bambino non sa cosa fare per ottenere il conforto e la sicurezza di cui ha bisogno. In età adulta, questo può portare a relazioni piene di conflitti e discussioni.

- **5:** Il primo stile di attaccamento, la sicurezza, consentirà ai bambini di svilupparsi in modo sano e di avere più facilmente relazioni sane negli anni successivi. Gli altri stili di attaccamento portano alla formazione di un attaccamento incompleto e probabilmente causeranno relazioni malsane e altri problemi in età adulta.

Quando si verificano stili di vita inadeguati, possono verificarsi eventi traumatici per il bambino. Naturalmente, ciò può includere eventi gravi come l'abuso e l'estrema negligenza, ma può anche essere qualcosa di semplice come un bambino che si fa male e piange mentre la persona che si prende cura di lui lo ignora (che sia di proposito o meno). Questo può provocare un evento traumatico per il bambino. Un episodio raro nella vita di un bambino può non provocare un trauma da attaccamento, ma se si tratta di uno schema costante, può causare un trauma di lunga durata fino all'età adulta.

Tuttavia, non deve essere necessariamente qualcosa che il soggetto che si prende cura del bambino ha fatto a causare il malfunzionamento dell'attaccamento. Il tutore potrebbe purtroppo essere morto, il legame si è spezzato e l'attaccamento sicuro non può essere sviluppato. Quando si verifica un trauma dell'attaccamento, non è sempre così scontato che la colpa sia del soggetto che se ne prende cura.

Una persona che soffre di un trauma dell'attaccamento può avere maggiori probabilità di soffrire di stress e ansia, di avere difficoltà ad esprimere i propri sentimenti, di avere problemi a dormire, di isolarsi o di avere problemi di salute mentale.

Se soffrite di trauma da attaccamento, vi darò un esercizio da seguire, ma fate attenzione. Questo esercizio può far emergere emozioni e sentimenti molto forti. Se pensate che sia troppo per voi in questa fase, è perfettamente comprensibile;

dovreste lasciar perdere questo esercizio finché non sarete pronti o non vi rivolgerete a un terapeuta professionista.

ESERCIZIO SUL TRAUMA DA ATTACCAMENTO

Prima di tutto, cercate un pavimento duro, se potete. È possibile eseguire questo esercizio anche sulla moquette, ma ciò rende l'esercizio più difficile. Una volta trovato il pavimento adatto, toglietevi i calzini. A questo punto, sdraiatevi sul pavimento in modo da stare a pancia in giù. Pensate poi a come muovervi in avanti da questa posizione. Non ci si può alzare sulle mani e sulle ginocchia e strisciare. No, dovete trovare un modo per muovervi stando a pancia in giù. Non lo fate da quando eravate molto piccoli. Questo è lo scopo dell'esercizio: farvi pensare e muovere di nuovo in quel modo. Per questo motivo, potrebbe farvi riemergere tutte le emozioni di quel periodo. Se non siete pronti per questo, non fa per voi. Potreste provare una profonda tristezza e sentire il bisogno di piangere. Potreste provare molte emozioni forti a causa del ritorno in questa posizione.

5

SUPERARE IL DOLORE FISICO
E LA MALATTIA

Se vi accorgete di avere sempre dolori, muscoli tesi o ossa doloranti, questo potrebbe essere il capitolo che fa per voi. Siete talmente abituati a soffrire di dolori o tensioni muscolari che vi sembra quasi che siano parte di voi stessi. La buona notizia è che la terapia fisica-somatica (ufficialmente chiamata somatica) può aiutarvi a lenire il dolore e a tornare a sentirvi voi stessi. Naturalmente, devo precisare che la terapia somatica non serve a guarire ogni singola lesione fisica. Se vi siete rotti una gamba, dovete comunque andare da un medico. Non guarirete un osso rotto con la terapia somatica; anzi, potreste peggiorare la situazione. Tuttavia, se soffrite di dolori muscolari e articolari cronici, è qui che la terapia somatica può intervenire. Grazie alla sua capacità di far parlare il corpo con il cervello e viceversa, è possibile alleviare il dolore causato dalle torsioni e dai muscoli bloccati a cui il corpo si è abituato.

Ecco alcuni esercizi che dovrebbero aiutarvi a migliorare la mobilità e il benessere generale se soffrite di dolori cronici

o di tensioni muscolari. Potete eseguire tutti i movimenti di
ogni esercizio per 10 volte:

- **1:** Sdraiatevi sulla schiena con le ginocchia piegate
  e le braccia lungo i fianchi. Inspirate, spingete
  leggermente il bacino verso l'alto ed espirate.
  Inspirate, spingete la schiena verso il basso ed
  espirate.
- **2:** Sdraiatevi sulla schiena con le gambe distese e le
  mani allungate dietro di voi. In pratica state
  assumendo la forma di una stella. Fate finta di
  poter allungare la gamba destra. Inspirate mentre
  immaginate di farlo, poi espirate e rilassatevi. Fate
  lo stesso con il braccio sinistro: Immaginate che
  stia crescendo o che qualcuno stia tirando il vostro
  braccio per allungarlo. Fate lo stesso con la gamba
  sinistra e infine con il braccio destro.
- **3:** Sdraiatevi sulla schiena con le braccia distese
  lateralmente, le ginocchia piegate e incrociate una
  gamba sull'altra. Inspirare. Poi spostate le gambe a
  sinistra. Assicuratevi che questa parte riguardi solo
  le gambe - tutto il resto rimarrà centrale - ed
  espirate. Cambiate gamba e fate lo stesso,
  portando le gambe a destra e poi di nuovo al
  centro. Poi, fate lo stesso ma con il braccio destro
  rivolto verso l'alto e la mano sinistra rivolta verso il
  basso. Mentre muovete le gambe, spostate la testa
  verso sinistra e viceversa.
- **4:** Mettetevi in posizione seduta e ruotate la testa
  e il busto verso sinistra. Poi fate lo stesso a destra.

Ora fate lo stesso, ma mettete la mano destra sulla spalla sinistra e, dopo aver ruotato, spostate delicatamente la testa verso il centro. Poi riportate tutto al centro. Fate lo stesso per l'altro lato.

AMNESIA SENSOMOTORIA

L'amnesia sensomotoria (SMA) è un'espressione introdotta dal pioniere Thomas Hanna, un visionario nel mondo della somatica (Warren, 2019). Descrive il modello di comportamento fisico che i muscoli del vostro corpo mettono in atto senza che voi ci pensiate, il che spesso vi danneggia. Ad esempio, giorno dopo giorno ci si accascia alla scrivania davanti al computer portatile. I muscoli della schiena si abituano a questo comportamento e si adattano di conseguenza, cosicché qualcosa di negativo per voi diventa normale per il vostro corpo, e non fate nulla per correggerlo perché il vostro corpo non vi dice di farlo. Anzi, molto spesso si verifica il contrario. La posizione eretta diventa dolorosa, mentre quella dinoccolata diventa molto comoda. Questo schema può portare a un dolore fisico cronico. In questo caso, è probabile che si finisca per soffrire di un forte mal di schiena o addirittura di una gobba e che si rimanga perennemente accovacciati, anche quando si è in piedi.

Nel mondo moderno è facile sviluppare la SMA. Siamo sempre accovacciati sulle scrivanie, accasciati sulle sedie, seduti in auto o sui mezzi pubblici. Non ci muoviamo quanto dovremmo e il nostro corpo si adatta di conseguenza. Non si preoccupa più di tutte le torsioni, le corse e la flessibilità di cui aveva bisogno: I nostri muscoli si concentrano invece su ciò che devono fare per accasciarsi e abbassarsi. A loro volta, i muscoli possono rimanere abitualmente bloccati in posizioni indesiderate, fino a causare la dislocazione delle ossa nel tempo.

Un altro modo in cui si può sviluppare la SMA è se si subisce un qualche tipo di lesione. Poi, mentre la lesione guarisce, influisce sul modo in cui ci si muove. Ciò è particolarmente vero se ci si infortuna al piede: ciò influisce sul modo di camminare. Poi, una volta guarito l'infortunio, si continua a camminare nel modo in cui si camminava quando si è subito l'infortunio. Questo vi danneggia e il vostro corpo ha dimenticato come vi muovevate normalmente. Un altro esempio è una lesione come la torsione del bacino.

Se siete affetti da SMA, potreste notare che a volte il vostro corpo esita a muoversi; forse c'è un leggero tremolio o uno scuotimento delle aree interessate, o potrebbe anche esserci un sussulto quando il corpo ha scaricato parte della sua tensione.

Se credete di essere affetti da SMA e desiderate una conferma, potete eseguire un esercizio molto semplice. Vi consiglio, se durante l'esecuzione di questo esercizio doveste avvertire dolore, di procedere molto lentamente e di muovervi solo all'interno di ciò che è accettabile per voi; non cercate di forzare nulla, perché rischiereste solo di danneggiarvi ulteriormente. È bene fare questo esercizio lentamente per dare al cervello la possibilità di comprendere ciò che si sta facendo. Se fate le cose in fretta, la parte automatica del vostro cervello comincerà a prendere il sopravvento.

Sedetevi con le braccia lungo i fianchi. Girate la testa verso sinistra. Per tutta la durata dell'esercizio dovrete guardare a sinistra, quindi assicuratevi che la rotazione della testa rientri nella vostra zona di comfort e non sia troppo dolorosa o tesa. Ora guardate verso il soffitto e spostate la spalla destra verso la nuca. Quindi, rilasciate lentamente la posizione e tornate alla posizione di prima. Potete provare anche dall'altro lato. Come ci si sente? Un po' di esitazione, brividi o tremori? Se è così, probabilmente siete affetti da SMA.

Una pratica nota come pandiculazione può aiutare a creare un collegamento tra il cervello e i muscoli e ad alleviare i problemi di SMA.

PANDICULAZIONE SOMATICA

Pandiculazione può sembrare la parola più complicata del mondo, ma in realtà è un concetto molto semplice. La pandiculazione consiste nel muovere intenzionalmente (o talvolta inconsciamente) i muscoli per collegare i movimenti al nostro sistema nervoso. Lo stretching e lo sbadiglio mattutino ne sono un esempio perfetto. È una ricalibrazione del nostro corpo con il nostro sistema nervoso per incidere ulteriormente i modelli di movimento nel nostro essere. Spesso lo facciamo involontariamente e inconsciamente quando ci svegliamo, ma le pandiculazioni possono essere fatte di proposito in qualsiasi momento per ottenere una miriade di risultati desiderati. In rete si trovano innumerevoli video di pandiculazioni somatiche che hanno come bersaglio muscoli diversi per motivi diversi. Questo atto può essere più significativo di quanto si pensi. Una postura scorretta, muscoli tesi e movimenti poco fluidi possono diventare un'abitudine se non ci impegniamo nella pandiculazione.

La pandiculazione è meglio spiegata come il sistema nervoso che fa scattare il nostro allarme interno e dice al corpo: "Preparati a fare un po' di movimento!". Gli esseri umani e tutti gli animali dotati di vertebre tendono a eseguire automaticamente la pandiculazione quando si svegliano o se sono rimasti fermi per molto tempo. Probabilmente noterete che un bambino esegue questo movimento quando si sveglia, oppure avrete visto il vostro gatto o cane domestico inarcare la schiena e distendersi quando si è svegliato da un sonnellino. Tutti questi sono esempi di pandiculazione. Si dice infatti che gli animali pandiculino 40 volte al giorno ("Pandiculation-the Safe Alternative to Stretching", 2010). Voi stessi non li vedete accasciati con una postura scorretta o che si torcono le caviglie solo perché hanno dovuto inseguire un topo o un bastone.

La pandiculazione permette al nostro sistema nervoso di conoscere il livello di tensione dei nostri muscoli e di regolare e ripristinare la tensione muscolare in modo da evitare dolori muscolari a lungo termine. È stato indicato che un feto può eseguire la pandiculazione mentre è nel grembo materno, a dimostrazione di quanto sia un'azione primitiva e vitale (Warren, 2019).

Purtroppo, con tutte le cattive abitudini e gli schemi di comportamento fisico in cui ci si imbatte facilmente nel mondo moderno, la pandiculazione automatica non è sufficiente a liberarci da tutte le tensioni muscolari. A volte, se la nostra postura è disallineata, il nostro sistema nervoso può semplicemente dimenticare di fare la pandiculazione.

Thomas Hanna studiò la pandiculazione in modo approfondito e giunse alla consapevolezza che la pandiculazione affrontava la tensione muscolare e la maggior parte delle cause alla base delle persone che avevano problemi di postura, di movimento e di dolore cronico. Ha ideato alcuni esercizi che le persone potevano fare da sole, piuttosto che affidarsi alla pandiculazione automatica. Incoraggiando la pandiculazione volontaria, le persone erano molto più attrezzate per gestire le proprie tensioni muscolari e liberarsi da gran parte del dolore. La pandiculazione volontaria deve essere eseguita molto lentamente e intenzionalmente, in modo che il sistema nervoso recepisca ciò che gli viene detto e si aggiorni in risposta (Warren, 2019).

Qualsiasi esercizio di pandiculazione richiede tre aspetti principali:

- **1:** contrarre il muscolo.
- **2:** allungare lentamente e intenzionalmente il muscolo.
- **3:** rilassarsi lasciando che il cervello e il sistema nervoso comprendano ciò che si è appena fatto.

Lo psoas [soh-uhs] è un muscolo eccezionalmente importante nel corpo umano. Senza questi muscoli, non si riuscirebbe nemmeno ad alzarsi dal letto la mattina. Ecco quanto è importante. Il muscolo psoas è importante anche per il modo in cui si respira, quindi può avere un impatto psicologico, non solo fisico. Qualunque cosa stiate facendo - correre, andare in bicicletta, stare seduti sul divano o ballare - il vostro muscolo psoas è necessario e lavorerà per permettervi di fare queste cose. Lo psoas è così importante perché è il muscolo che collega il corpo alle gambe. Questi muscoli sono altrimenti noti come flessori dell'anca. Sono estremamente importanti per la postura e per il sostegno e la regolazione della colonna vertebrale. Poiché il muscolo psoas è collegato anche al diaframma, è fondamentale per camminare, respirare e anche per rispondere alla paura e all'eccitazione. In caso di stress, il muscolo psoas si contrae. In sostanza, ha un impatto diretto sulla risposta "combatti o fuggi". Se lo stress si protrae per lunghi periodi, il muscolo psoas si contrae per lunghi periodi, causando una miriade di problemi di salute. La stessa contrazione può verificarsi se si sta seduti per molto tempo, se si corre o si cammina troppo, se ci si addormenta in posizione fetale o se si fanno molti addominali.

Un muscolo psoas teso può causare numerosi problemi di salute e disturbi, tra cui problemi digestivi, esaurimento, disfunzioni sessuali, lombalgia, dolore pelvico (che può influire sulle pratiche sessuali e sull'appetito), sciatica (che può causare dolori insopportabili), zoppia, differenza tra la lunghezza delle gambe, curvatura della colonna vertebrale e indebolimento del cuore.

Si potrebbe pensare che lo stretching del muscolo psoas sia sufficiente, ma il muscolo psoas riceve istruzioni dal cervello. Non importa quanto lo stiriate, farà ciò che il cervello gli dice di fare, e se questo è contrarsi, allora si contrarrà. Pertanto, lo stretching può finire per fare più male che bene. Il massimo che si può ottenere è che si possa allentare la muscolatura per un po' di tempo dopo l'allungamento, ma subito dopo il cervello resetterà il sistema nervoso e il muscolo psoas tornerà ad essere com'era prima dell'allungamento. Ogni potenziale tensione a lungo termine può verificarsi.

Vi fornirò due esercizi di pandiculazione molto semplici

che potrete facilmente eseguire a casa. Se avete problemi con lo psoas, questi esercizi vi aiuteranno a sciogliere le tensioni e i traumi e ad aprire la vostra vita a un mondo libero dal dolore. (Nota bene: se lo psoas non si rilascia o si contrae nuovamente dopo gli esercizi di pandiculazione, è possibile che soffriate di una torsione del sacro, nota anche come torsione sacrale, torsione del bacino o "SI" disfunzione dell'articolazione. Per prima cosa è necessario correggere l'osso sacro ruotato.

- **1:** Per prima cosa, sdraiatevi sul pavimento. È preferibile una superficie piana piuttosto che un tappeto. Se si dispone di un tappetino per esercizi, questo può fornire un ulteriore comfort. Sdraiatevi sulla schiena con le ginocchia sollevate e i piedi ben saldi sul pavimento. Assicuratevi di poter far scorrere facilmente i piedi e le gambe sul pavimento (quindi la moquette non è una superficie ideale). Mettete le braccia e le mani dietro la testa. Ora, inspirate e inarcatevi leggermente, in modo che il bacino si muova verso il soffitto e la schiena si contragga; poi espirate e rilassatevi.

- Poi, all'espirazione successiva, portate la testa e la schiena in avanti e fate in modo che i gomiti siano rivolti verso la gamba. Portate quindi una delle gambe verso il gomito, quindi riportate lentamente tutto al punto di partenza: La testa e la schiena verso il pavimento con i gomiti e le mani dietro la testa, e il ginocchio e la gamba verso il pavimento con il piede ben piantato a terra.

- Poi, fate lo stesso con l'altro lato. Inspirate e inarcatevi leggermente, poi espirate e rilassatevi; all'espirazione successiva, spostate l'altro ginocchio verso i gomiti e poi lentamente riportate tutto al punto di prima.

- Eseguite poi lo stesso esercizio, ma quando riappoggiate il piede sul pavimento, fate scivolare la gamba e il piede lungo il terreno e flettete le dita dei piedi. Inspirate ed espirate come richiesto. Si può anche variare leggermente, in modo che quando si alza e si abbassa la gamba, questa si alzi in modo più naturale, in modo che la gamba e il piede siano curvati verso l'esterno anziché dritti. Potete ripetere l'esercizio più volte con entrambe le gambe. Sarà interessante vedere se si notano differenze tra un lato e l'altro; magari un lato si sente meno teso dell'altro. In ogni caso, dopo aver eseguito questi esercizi per un po' di tempo, vi accorgerete che lo psoas non è più così teso e che siete riusciti a liberare un po' di tensione dal vostro corpo.

- **2:** Fate lo stesso esercizio, ma questa volta tenete le braccia lungo i fianchi quando sollevate il ginocchio. Poi, quando fate scivolare la gamba in fuori, portate il braccio sopra la testa dal fianco, come se steste nuotando a dorso. Fate una bracciata, mettete il braccio sopra la testa e rilassatevi. Tornate in posizione, ripetete e poi fate lo stesso con l'altro lato del corpo. Questo esercizio aiuterà i muscoli della parte superiore della schiena; se il vostro psoas è teso, dovreste sentirlo lungo il lato del corpo.

Esistono anche alcuni esercizi semplici da fare per garantire la pandiculazione di tutti i vari gruppi muscolari.

- Questo esercizio aiuta a far lavorare i bicipiti. Si può fare in piedi o seduti. Portate lentamente l'avambraccio verso di voi come se steste sollevando un manubrio, quindi lasciatelo tornare lentamente in posizione e rilassatevi. Se necessario, si possono appoggiare leggermente le prime due dita dell'altra mano sul braccio per opporre un po' di resistenza, in modo da aiutare il cervello e il sistema nervoso a capire cosa sta succedendo e a non causare alcuna possibilità di SMA.

- Ho sicuramente un problema a spingere costantemente la testa davanti a me, soprattutto quando sono ingobbito sul mio computer portatile. Un esercizio per rimediare a questo problema è il seguente: Inginocchiarsi, inarcarsi lentamente, tirare lentamente indietro la pancia e la testa e poi rilassarsi. Anche in questo caso, se avete bisogno di un po' di supporto, potete mettere una mano sotto il petto e una sulla pancia. La colonna vertebrale e la parte anteriore del corpo dovrebbero sentirsi più in armonia dopo questo esercizio. Invece di essere ingobbiti con la testa in avanti, dovreste essere in grado di sedervi dritti con la testa ben appoggiata sulla parte superiore del corpo, dove è giusto che sia.

Questi esercizi dovrebbero aiutarvi a lungo termine in un modo che lo stretching non può fare. State eseguendo una pandiculazione sui vostri muscoli che farà miracoli per voi. Con un po' di fortuna, i giorni di dolore infinito, inflessibilità o difficoltà di movimento saranno finiti. Il tutto grazie a qualcosa che potete facilmente fare a casa vostra e gratuitamente.

6

UN PATRIMONIO DI
PRATICHE SOMATICHE

In questo capitolo illustrerò alcune delle pratiche somatiche più potenti. È davvero un capitolo ricco di contenuti. Tutti questi anni sono stati come scavare in cerca di diamanti o di oro senza fortuna, fino ad ora. Ora troverete il tesoro di cui avevate bisogno, la vostra pentola d'oro alla fine dell'arcobaleno. Si tratta di pratiche facili da seguire, che potete fare nel vostro tempo e spazio. Non richiedono attrezzature speciali o grandi spese per poterle praticare. Soprattutto, ci sono prove scientifiche autentiche a sostegno di queste pratiche, quindi so che funzionano e presto lo saprete anche voi.

LA TEORIA POLIVAGALE E IL NERVO VAGO

La teoria polivagale è stata sviluppata da Stephen Porges e ci aiuta a comprendere meglio il nostro sistema nervoso. È nata dallo studio del nervo vago. Il nervo vago è coinvolto nell'elemento calmante del sistema nervoso. Questo si equilibra con l'elemento attivo, per cui se c'è più calma, è necessaria meno attività. Se si verifica una maggiore attività, è necessario un minore effetto calmante. La teoria polivagale descrive un terzo elemento, quello che Porges ha definito "sistema di impegno sociale", una combinazione degli aspetti attivi e calmanti (Wagner, 2016).

Come suggerisce il nome, è l'aspetto dell'impegno sociale che ci aiuta a lavorare nelle relazioni e a gestire meglio i conflitti che possono sorgere.

Il sistema nervoso ha due elementi principali quando si tratta di sentirsi in grave pericolo: l'elemento che si occupa della risposta "combatti o fuggi" e la parte che si occupa di spegnersi completamente (si pensi al metodo "flop" di affrontare il pericolo). Affinché il sistema di coinvolgimento sociale si attivi, è necessario che vi sia una sensazione di sicurezza.

Il nervo vago, che aiuta a calmare il corpo, ha due aspetti principali che si comportano in modo molto diverso. L'aspetto di spegnimento avviene attraverso una parte del nervo vago. Quando si verifica questa disattivazione, una persona si sente di solito molto stanca e forse anche un po' stordita, come se avesse l'influenza. Questo può influenzare il cuore, i polmoni, il diaframma e l'apparato digerente.

L'altra parte del nervo vago agisce al di sopra del diaframma. È la parte che serve il sistema di impegno sociale. Questa parte del nervo aiuta a controllare il nostro sistema nervoso. Per esempio, se si fa arrampicare qualcuno su una roccia, si lascia scendere la corda lentamente perché possa scendere in modo sicuro; non si lascia andare la corda tutta in una volta. Il nervo vago fa più o meno questo: mantiene il sistema nervoso regolato e impedisce che diventi iperattivo. Mentre la risposta di lotta o fuga può durare pochi secondi e il recupero può richiedere da 10 a 20 minuti, la risposta del nervo vago alla calma richiede solo pochi millisecondi. Pertanto, dovremmo essere in grado di calmare le nostre risposte nello stesso modo in cui si abbassa lentamente la corda per controllare l'ascesa di un arrampicatore lungo la parete di un dirupo.

Un buon esempio di impegno sociale in azione è quello di andare al parco locale e osservare i cani. Alcuni cani sono aggressivi nei confronti di altri cani o scappano e i loro padroni devono inseguirli: questi sono i cani in modalità "combatti o fuggi". Se invece vedete i cani che giocano felici, scodinzolano, vogliono che gli si lanci un bastone o una pallina e saltano verso i loro padroni in modo amichevole, questi sono i cani che si sentono in uno spazio sicuro e che utilizzano il sistema di coinvolgimento sociale.

Se una persona ha subito un trauma che non è riuscita a liberare, può trovarsi per sempre in un mondo di lotta o fuga; invece di svolgere felicemente le proprie attività quotidiane con il sistema di coinvolgimento sociale pienamente in sintonia, tutto diventa un compito di paura e timore.

Il nervo vago ha un impatto sull'orecchio medio, che ci aiuta a concentrarci sulle voci umane e a eliminare tutti i rumori di fondo non necessari. Ha anche un impatto sulla nostra capacità di fare espressioni facciali, un altro elemento essenziale per la comunicazione. Infine, influisce anche sulle nostre corde vocali e sui rumori che possiamo emettere l'uno verso l'altro, sempre per comunicare in modo tranquillizzante. È il nervo più lungo del corpo e si chiama così perché in latino vagus significa "errante". Si sa che è un nervo lungo, visto che lo chiamano nervo "errante".

In definitiva, se riusciamo a trovare il modo di resettare il nervo vagale o di esercitarlo in modo da sentirci felici, sicuri, protetti e giocosi, allora la vita può essere molto migliore per noi.

ESERCIZIO N. 1

Il primo è un esercizio molto semplice. Iniziate a sedervi e a muovere lentamente la testa verso sinistra, poi verso il centro e quindi verso destra. C'è qualche differenza tra un lato e l'altro? Trovate più difficile muovere la testa da un lato rispetto all'altro? Quando ho scoperto questo esercizio, ho trovato un po' più difficile muovere la testa verso il lato destro rispetto al lato sinistro. Dopo questo esercizio, sdraiatevi sulla schiena con le ginocchia sollevate e i piedi ben appoggiati sul pavimento. Una volta acquisita esperienza in questo esercizio, è possibile eseguirlo da seduti o anche in piedi, ma per le prime volte è consigliabile sdraiarsi. Mettete le mani dietro la testa, con le dita intrecciate e i gomiti rivolti verso l'esterno, in modo da tenere la testa tra le mani. Poi, spostate gli occhi a destra, non la testa: solo gli occhi. Usate le mani per sostenere la testa, in modo da non muoverla. Muovete solo gli occhi. Mantenete gli occhi in questa posizione per 30 secondi. Poi, rilassatevi e lasciate che gli occhi tornino al centro. Se notate che avete bisogno di prendere fiato o avete l'impulso di deglutire, queste sono risposte del nervo vago e segni che l'esercizio sta funzionando.

Ora fate l'altro lato: Spostate gli occhi a sinistra, senza muovere la testa e rimanendo al centro, e manteneteli per 30 secondi. Poi, rilassatevi e lasciate che gli occhi tornino al centro. Prendetevi un momento, poi tornate alla posizione seduta e muovete la testa da un lato all'altro per verificare se la mobilità è migliorata. A proposito, 30 secondi è il tempo minimo per mantenere gli occhi in posizione. Se non si ottiene nessuno dei segnali, come un respiro profondo o la deglutizione, si possono tenere gli occhi in posizione per 60 secondi o più. Quando ho scoperto questo esercizio per la prima volta, ho trovato un po' più difficile girare la testa sul lato destro. Una volta eseguito l'esercizio, ho scoperto che potevo muovere la testa senza limitazioni da entrambi i lati. Questo esercizio funziona.

ESERCIZIO N. 2

Il secondo esercizio che potete fare è quello di sedervi. Che sia sul pavimento o su una sedia, l'importante è che siate comodi. Appoggiate la mano destra sulla sommità del capo e inclinate la testa verso destra. Muovete gli occhi e solo gli occhi. Mantenete questa posizione per 30 secondi. Dopodiché potete rilassarvi e riprendere la normale posizione seduta. Ora fate la stessa cosa, ma dall'altro lato. Mettete la mano sinistra sulla testa e inclinate la testa verso sinistra. Alzate gli occhi verso l'alto e verso destra. Mantenete la posizione per 30 secondi. Anche in questo caso, potete mantenere la posizione più a lungo se non sentite alcun effetto.

ESERCIZIO N. 3

Per il terzo esercizio, sempre in posizione seduta, prendete la mano destra e mettetela sopra la testa, inclinandola verso destra. Questa volta, però, prendete la mano sinistra e stringete il fianco destro. Quindi, spostate la testa sul lato destro e usate la mano sinistra per tirare il fianco. Di nuovo, spostate gli occhi solo verso l'alto e verso sinistra e mantenete la posizione per 30 secondi. Quindi, rilasciate la posizione e rilassatevi. Dovreste notare che vi sentite un po' più tranquilli dopo aver eseguito questo esercizio. Procedere con l'altro lato: mano sinistra sopra la testa e inclinare la testa verso sinistra. Con la mano destra raggiungete il fianco sinistro e tirate il fianco. Quindi, spostate lo sguardo verso l'alto e verso il lato destro e mantenete la posizione per 30 secondi. Ancora una volta, abbandonate la posizione e rilassatevi.

ESERCIZIO N. 4

Per il prossimo esercizio è necessario trovare un posto comodo dove sdraiarsi. Se avete un tappetino da ginnastica o da yoga, probabilmente è la cosa migliore. Ho scoperto che sdraiarsi a faccia in giù su un pavimento in moquette non è molto divertente, perché di solito mi ricorda che devo tirare fuori l'aspirapolvere! Una volta pronti, ci si appoggia sui gomiti, con le mani rivolte davanti a sé e appoggiate sul pavimento. Poi, vi girate a sinistra e guardate sopra le vostre spalle. Come di consueto, mantenete la posizione per 30 secondi. Lasciate la posizione e rilassatevi; se volete, sdraiatevi a faccia in giù per qualche istante. Ora fate la stessa cosa, ma questa volta guardate sopra la spalla destra. Mantenete la posizione per 30 secondi, quindi abbandonate la posizione e rilassatevi. Poiché in questo esercizio si utilizzano i muscoli del collo, può essere molto utile per chi ha tensioni in quella zona e, di conseguenza, soffre di mal di testa ed emicranie. Eseguendo questo esercizio, si dovrebbe rilasciare la tensione e ottenere un po' di sollievo dal dolore.

Che ci crediate o no, anche la respirazione può avere un impatto sul nervo vago e il nervo vago sulla respirazione. Si tratta del cosiddetto "tono vagale", che rappresenta sostanzialmente l'attività del nervo vago (Fallis, 2021). Più il tono vagale è alto, più è facile tornare a uno stato di rilassamento dopo un momento di stress. Se riusciamo a trovare un modo per attivare il nostro nervo vagale e aumentare il nostro tono vagale, allora dovremmo sentirci meno stressati, meno ansiosi e generalmente più felici. Uno studio del 2010 ha rilevato che le persone con un tono vagale elevato erano generalmente positive nei loro sentimenti e godevano di una buona salute fisica (Kok et al., 2013). Ci sono persino studi che suggeriscono che se le madri sono ansiose e stressate durante la gravidanza (e quindi hanno un tono vagale basso), questo viene trasmesso al bambino quando nasce, e anche il bambino condivide un tono vagale basso (Field & Diego, 2008). È stato persino realizzato un dispositivo che può essere impiantato nel corpo dell'individuo e che attiva il nervo vago di tanto in tanto, ma si tratta di un modo estremo di procedere. Una respirazione profonda e lenta può attivare il nervo vago e aumentare il tono vagale.

Per questo motivo, a questo punto, sarebbe opportuno fornire alcuni esercizi di respirazione per attivare il tono vagale. Questi esercizi hanno tutti scopi diversi. Il primo è quello di consentire il rilassamento.

ESERCIZIO DI RESPIRAZIONE N. 1

Si può iniziare sedendosi e mettendo le braccia intorno alla gabbia toracica e alla pancia, oppure si può usare un cuscino da mettere davanti a sé e usarlo. In pratica vi mettete in una posizione di abbraccio. Quindi, inspirate fino ad avere una sensazione di pienezza e trattenete per quattro secondi; dopo, espirate più a lungo di quanto avete inspirato e trattenete per sei secondi. Se volete, potete "abbracciarvi" un po' più forte quando espirate, perché è questo che attiva il nervo vago. Potete poi trasporre questo esercizio sul pavimento per renderlo ancora più rilassante. Potete sdraiarvi sulla schiena o sul davanti. Se siete in posizione supina, con le ginocchia sollevate e i piedi ben appoggiati a terra, potete fare pressione con le mani sulla pancia e sul petto. Se si è sdraiati sul davanti, si può stare distesi e si può mettere un cuscino o un'imbottitura sotto la pancia o il petto per fare pressione.

Inspirate per sei secondi e trattenete per quattro. Cercate di sentire il ritmo del vostro battito cardiaco e usatelo come conto di quattro. Espirate per otto secondi e poi tenetelo per quattro secondi; continuate a ripetere. Se sentite di poter allungare il tempo di espirazione, provate a farlo. È proprio la durata dell'espirazione che allerta il nervo vago e vi porta in un luogo di rilassamento. Un'ultima cosa che potete fare per rilassarvi ulteriormente è sdraiarvi sulla schiena con le ginocchia sollevate e i piedi ben saldi sul pavimento. Mettete qualcosa sotto i glutei e la parte bassa della schiena. Questo serve a garantire che il bacino sia sollevato più in alto della testa. Quando il sangue scorre troppo verso la testa, il nervo vago viene immediatamente allertato e inizia a rallentare la frequenza cardiaca e a rilassarsi. Inspirate fino a sentire i polmoni pieni. Deglutite ed espirate più a lungo di quanto avete inspirato. Dopo, fate una pausa momentanea finché non sentite il bisogno di inspirare di nuovo. Quindi, inspirate fino a i polmoni pieni. Deglutite ed espirate più a lungo di quanto avete inspirato. Fate una pausa finché non sentite il bisogno di inspirare di nuovo. Continuate a ripetere. In questo modo si dovrebbe entrare in uno stato di profondo rilassamento e calma.

ESERCIZIO DI RESPIRAZIONE N. 2

Il prossimo esercizio è un esercizio facile e piacevole che potete utilizzare ogni volta che volete e che attiva il nervo vago. La vocalizzazione dei suoni può essere davvero benefica: ecco perché cantare di solito ci fa sentire così bene. Il primo suono da emettere è il suono "mmm". Fate un respiro profondo - con la pancia, non un respiro superficiale con il petto - e quando espirate fate quel suono "mmm" più a lungo possibile. Respirate di nuovo profondamente e, quando espirate, fate il suono "ahhh" questa volta. Fate un respiro profondo e, quando espirate, emettete un suono "ooh". Infine, fate un respiro profondo ed emettete tutti e tre i suoni di seguito finché non vi manca il fiato: "mmm, ahhh, ooh". L'emissione di questi suoni è un ottimo modo per attivare il nervo vago nei momenti in cui ci si sente stressati.

MEDITAZIONE GUIDATA

Ora vi propongo una meditazione guidata per la stimolazione del nervo vago. Come tutti gli esercizi per il nervo vago, anche questo dovrebbe aiutarvi a rilassarvi, a sentirvi calmi e ad abbandonare ogni tensione. Per farlo, dovete assicurarvi di essere seduti comodamente.

- **1:** Assicuratevi di respirare dalla pancia e dal diaframma e di non respirare in modo superficiale dal petto. Inspirate per sei secondi e trattenete per quattro secondi.

- **2:** Espirate per otto secondi e trattenete per quattro secondi.
- **3:** Continuate a ripetere.
- **4:** La cosa più importante da ricordare è che l'espirazione deve durare più a lungo dell'inspirazione. Anche se vi rilassate abbastanza da smettere di contare, dovete assicurarvi che l'espirazione sia più lunga dell'inspirazione. L'espirazione lunga stimola il nervo vago, vi fa sentire calmi e abbandona ogni tensione.
- **5:** Si può interrompere la respirazione, riprendere coscienza di tutto il corpo e, quando ci si sente pronti, aprire gli occhi.

PENDOLAMENTO

Il pendolamento è un termine ideato dal re dell'esperienza somatica, Peter Levine. Come si può intuire dal nome, descrive qualcosa di simile a un pendolo, ma a oscillare, in questo caso, sono i sentimenti, le emozioni e il sistema nervoso. Si oscilla tra lo stato di paura, di lotta o di fuga, e lo stato di calma e di rilassamento in cui il nervo vago è stimolato e il tono vagale è alto. Se una persona impara a muoversi tra questi due stati, quando si trova in uno stato di ansia, di stress, di tensione o di dolore, può imparare a passare all'altro stato e ha la possibilità di diventare più rilassata, tranquilla e a suo agio. Naturalmente, non è mai così semplice. A volte, tutto ciò che si può fare è passare a uno stato meno doloroso o meno ansioso, ma è comunque un posto migliore rispetto al punto di partenza. Ciò significa anche che potete farlo a piccoli pezzi quando andate in quei luoghi bui e preoccupanti. Avete il controllo, quindi non dovete affrontare tutto in una volta. Potete affrontarlo e poi tornare al vostro spazio sicuro e protetto. Dopotutto, come potete sapere cosa significa sentirsi felici se non vi siete sentiti anche tristi? Come si può sapere cosa significa calma senza essersi sentiti stressati? Entrambi gli stati devono esistere e dobbiamo capire e imparare ad apprezzare sia il negativo che il positivo.

Peter Levine lo paragona alla contrazione e all'espansione: Il ritmo di base della vita è la contrazione e l'espansione. Tuttavia, quando una persona subisce un trauma, il ritmo diventa contrazione e nient'altro. Attraverso la pendolazione, la contrazione può essere lentamente trasformata in espansione. Allora ci sarà ancora una contrazione - il ritmo della vita - ma ci sarà un'espansione finché la persona non sarà in grado di tollerare la contrazione, sapendo che sta per arrivare un'espansione più grande. Chi è felice della vita e la vive appieno impara a rispettare e ad apprezzare la contrazione, sapendo che porta all'espansione quando è calmo e aperto (Somatic Experiencing International, 2019).

Tra poco vedremo un esercizio di pendolazione. Questo primo esercizio è particolarmente utile se si prova dolore o tensione in una parte specifica del corpo.

ESERCIZI DI PENDOLAMENTO

Per questo esercizio, dovrete pensare a due punti del vostro corpo. Innanzitutto, pensate alla parte del corpo che vi fa male. Dobbiamo riconoscere il dolore nel corpo prima di pensare ad altro. A me capita spesso che la parte superiore della schiena sia molto dolorosa se non mi sono seduto bene alla scrivania, quindi per questo esercizio mi concentrerò su di essa e riconoscerò il dolore, ma allo stesso tempo magari la massaggerò per farle capire che mi sta a cuore. Poi, pensate a una parte del vostro corpo che non vi fa male e non vi dà problemi. Forse sono i capelli, forse è l'alluce. Qualunque cosa sia, pensate a quella parte e a quanto è bella, a quanto è priva di dolore e a quanto vi aiuta a raggiungere i vostri obiettivi. Poi, passate da una parte all'altra: pensate al dolore e poi alla parte bella del vostro corpo. Andare avanti e indietro è l'aspetto della pendolazione. Contraete il dolore ed espandete la parte buona del vostro corpo. Come ho detto, questo esercizio è utile se avete una particolare parte del corpo che vi fa male o se siete ansiosi e questo si è manifestato come un sintomo fisico. Concentratevi su quello: forse è un mal di stomaco, un mal di testa o forse vi prudono le braccia. Passate a pensare a una parte del corpo che non ne risente e alternate le due cose. L'ansia dovrebbe gradualmente diminuire man mano che la riconoscete ma riconoscete anche una parte del corpo che funziona bene per voi. Durante il passaggio si può rallentare la respirazione per dare un ulteriore livello di attivazione del nervo vago che aiuta a calmarsi.

TITOLAZIONE SOMATICA

La titolazione può avere un nome complesso, ma non è un concetto complesso da capire. Si tratta del processo di affrontare lentamente il trauma. Se una persona dovesse considerare il proprio trauma tutto in una volta, sarebbe troppo e si sentirebbe sopraffatta. Si tratta di un processo che consiste nel ricordare lentamente e nel prendere confidenza con il proprio trauma. Non si tratta solo di un rallentamento del trauma, ma di un rallentamento che permette di prendere tempo per apprezzare il proprio corpo, le sensazioni che si percepiscono e il mondo circostante. Si potrebbe dire che la pendolazione utilizza la titolazione perché non ci si concentra solo sulla parte che fa male: Ci si concentra su quella parte per un po', poi su qualcosa che non fa male e si torna indietro. Si pensa lentamente al trauma. Non ci si concentra solo sulla parte che fa male per sempre, fino a quando non viene completamente sopraffatta.

Il nome "titolazione" deriva da un termine chimico che descrive il lento gocciolamento di sostanze chimiche potenzialmente pericolose in un contenitore, in modo che il cambiamento chimico - la trasformazione di queste sostanze in una sostanza innocua - avvenga in modo sicuro. L'opzione non sicura sarebbe quella di mettere le sostanze chimiche tutte insieme, causando un'esplosione.

TERAPIA COGNITIVO-COMPORTAMENTALE

La terapia cognitivo-comportamentale (CBT) è un tipo di terapia specificamente rivolta a coloro che possono avere problemi di salute mentale. Si basa sulla teoria che le persone hanno modi di pensare che non sono utili per loro, e questi modi di pensare non utili diventano un'abitudine o un modello di comportamento. Insegnando alle persone modi più utili di pensare alle cose, possono essere in grado di affrontare molto meglio l'ansia, la depressione o qualsiasi altro problema e forse anche di liberarsene.

Poiché la CBT implica il cambiamento del modo di pensare alle cose e dei modelli di comportamento mentale, di solito si tratta di far capire alla persona dove il suo pensiero è esagerato o meno moderato. Cerca di far riconoscere alla persona la realtà di quella situazione e di cambiare il suo pensiero di conseguenza. Può fornire alcune abilità di risoluzione dei problemi per aiutare la persona a gestire situazioni particolarmente complesse. Può anche includere l'acquisizione di fiducia in se stessi e nel proprio istinto.

Ho avuto dei familiari stretti che si sono sottoposti alla CBT. Sebbene mi renda conto e apprezzi la sua capacità di far sì che una persona affronti meglio ciò che sta vivendo - fornendole un kit di strumenti da applicare ogni volta che sente che le cose stanno sfuggendo al controllo - non sempre affronta la causa principale del problema. Spesso trascura la causa reale della depressione o dell'ansia.

Tuttavia, non posso negare l'evidenza che esiste a sostegno dell'idea che la CBT possa fare una grande differenza nella vita di qualcuno e aiutarlo a contenere e controllare le difficoltà che sta attraversando. Uno studio di analisi di studi controllati ha concluso che la CBT è efficace nel trattamento della depressione maggiore, anche se il suo effetto non è enorme (Lynch et al., 2009). Uno studio simile, basato su dati precedenti, ha concluso che la CBT ha trattato efficacemente molti casi di depressione, ansia, disturbi da panico, fobie sociali e PTSD (Butler at al., 2006). L'esistenza di prove empiriche a sostegno dell'efficacia della CBT ha portato al suo utilizzo come trattamento ufficiale per le persone con problemi di salute mentale.

Si può pensare che la CBT sia qualcosa da fare insieme a un terapeuta, ma in realtà il terapeuta fornisce gli strumenti da usare nella vita quotidiana per combattere i pensieri e i sentimenti peggiori. In generale, è possibile fare esercizi da soli. Qui vi illustro un eccellente e semplice esercizio CBT da seguire. Questo esercizio è particolarmente indicato per coloro che si trovano spesso in uno stato di depressione o di ansia.

ESERCIZIO CBT N. 1

Per prima cosa, scrivete i pensieri negativi che avete in testa. Forse "Non piaccio a nessuno", "Sono inutile" o qualsiasi altro pensiero destabilizzante. Poi, scrivete la possibilità positiva opposta: "Sono simpatico" o "Sono utile". Inizialmente può essere molto difficile accettare la seconda affermazione. Tuttavia, con il tempo, più si ripete l'esercizio e ci si sente a proprio agio con se stessi, più si inizierà ad accettare la seconda affermazione come un dato di fatto.

ESERCIZIO CBT N. 2

Un altro esercizio che potete fare è quello di pensare naturalmente in modo negativo a qualcosa. Provate a ignorare quel pensiero negativo e a concentrarvi invece su cinque cose positive. Immaginate che una stanza non vi piaccia perché odiate la moquette; provate a pensare alle cinque cose positive della stanza: vi piacciono le grandi finestre, le grandi porte, i quadri alle pareti, la rotondità del tavolo e la luce che entra quando fuori c'è il sole. Provate a pensare a cinque aspetti positivi di ciò che vi sembra negativo. Se riuscite a trovare qualcun altro con cui farlo, meglio ancora: Potrete lavorare l'uno sull'altro e trovare entusiasmo nel trovare gli aspetti positivi.

PSICOLOGIA ENERGETICA

Che cos'è la psicologia energetica? David Feinstein, uno dei primi sostenitori della psicologia energetica, l'ha descritta simpaticamente come "agopuntura senza aghi" ("Psicologia energetica", 2017). Anche se questo semplifica un po' le cose, si tratta di una descrizione accurata. La psicologia energetica prevede il picchiettamento di vari punti del corpo, che inviano messaggi al cervello per regolare le emozioni e i sentimenti e contribuire alla calma e al relax. Di solito, i picchiettamenti vengono eseguiti in tandem con la presa di coscienza del corpo e dei sentimenti, dei pensieri e dei comportamenti che potrebbero dover cambiare. A chi si sottopone a questo tipo di terapia può essere chiesto di ricordare un evento traumatico mentre viene eseguito il tapping corporeo.

Se il trauma è intrappolato nel corpo, il tapping può essere il modo per abbandonare il trauma e portare sollievo e pace alla persona. Esistono vari tipi e tecniche di psicologia energetica che vengono praticati. ("Psicologia energetica", 2017) Queste includono:

- **Terapia del campo di pensiero (TFT)**: Questo tipo di terapia richiede che i picchiettamenti del corpo avvengano in un ordine molto specifico. Una persona dovrà rievocare un evento traumatico e poi i picchiettamenti avverranno nella sequenza richiesta. Questa forma di terapia è stata sviluppata dal dottor Roger Callaghan, che sosteneva di aver formato degli algoritmi che riguardavano l'ordine corretto in cui eseguire i picchiettamenti.

- **Tecnica di agopressione Tapas (TAT)**: La parola tapas mi fa venire fame. Tuttavia, questa tecnica non ha nulla a che vedere con il cibo spagnolo a bocconcini. Il titolo di questa tecnica prende il nome dall'uomo che l'ha inventata: Tapas Fleming. Questa tecnica prevede che si faccia pressione con le dita sulle zone intorno agli occhi, sopra il naso e sulla nuca. La persona può avere bisogno di concentrarsi su immagini che le hanno causato disagio in passato e di concentrarsi su immagini più positive. Potrebbe poi concentrarsi su ciò che ritiene possa aver causato i suoi problemi e quindi concentrarsi sulla guarigione e sul perdono.

- **Tecniche di libertà emotiva (EFT)**: Questa tecnica non è diversa dalle altre. Richiede di ricordare un evento traumatico e di picchiettare su 12 punti del corpo in un ordine specifico, mentre la persona pronuncia delle affermazioni. Questa tecnica è stata sviluppata da Gary Craig ed è una variante della "Thought Field Therapy".

Queste possono sembrare pratiche che richiedono l'intervento di un terapeuta, ma sono tutte tecniche che possono essere autodidatte ed eseguite da un individuo. Come tutte le terapie e le tecniche contenute in questo libro, è facile trovare il tempo per incorporarle nella propria routine quotidiana.

Come per molte nuove terapie, la comunità scientifica non è ancora in grado di dimostrare il vero valore della psicologia energetica, ma le ricerche che stanno emergendo suggeriscono che può avere un impatto positivo su chi soffre di traumi, ansia e stress. Feinstein ha condotto una ricerca su tutti gli studi condotti e ha concluso che la psicologia energetica fa la differenza nel trattamento di chi ha problemi emotivi e psicologici (Feinstein, 2012). Naturalmente Feinstein è un grande sostenitore della psicologia energetica, quindi, per essere corretti, bisogna prendere le sue affermazioni "cum grano salis". Tuttavia, l'autore fa riferimento a molti studi indipendenti condotti in tutto il mondo, per cui si può anche concludere che ci deve essere qualcosa di vero se così tante persone notano la differenza positiva che può fare. Personalmente, sono un grande sostenitore del tapping EFT e mi assicuro di praticare almeno tre sessioni al giorno. Ho notato una profonda differenza positiva nella mia ansia, nel disturbo ossessivo compulsivo e in innumerevoli altre situazioni.

ESERCIZIO DI PSICOLOGIA ENERGETICA N. 1

Siete pronti a provare un esercizio di psicologia energetica? Proviamo. Innanzitutto, assicuratevi di essere seduti in un posto comodo. Ora, trovate un'area sul lato sinistro del vostro petto o appena sopra che forse sentite un po' dolorante o stretta. Strofinatela con le dita - fate dei cerchi con le dita su quell'area - e poi pronunciate qualche affermazione allo stesso tempo. Provate a dire: "Amo, rispetto e ho a cuore me stesso, anche i miei difetti". Continuate a ripeterlo mentre strofinate la zona dolorante. Poi, inspirate profondamente ed espirate molto lentamente. Fate una pausa e pensate a come vi sentite e a come si sente il vostro corpo in seguito.

ESERCIZIO DI PSICOLOGIA ENERGETICA N. 2

Per il prossimo esercizio, dovete incrociare la caviglia sinistra con quella destra e mettere le braccia in aria davanti a voi, rivolte verso l'esterno in modo che i pollici siano rivolti verso il basso. Con le mani fate il contrario di quanto fatto con le caviglie. Unite le mani in modo che le dita siano intrecciate e fatele ruotare verso l'interno. Quindi, appoggiate le mani sul petto nel modo più comodo possibile. Ora inspirate dal naso ed espirate dalla bocca. Eseguite questa operazione per cinque volte. Dopodiché potete rilassarvi. Rilassatevi e fate una pausa per considerare come vi sentite voi e il vostro corpo. Poi fate lo stesso esercizio, ma questa volta mettete la caviglia destra sopra la sinistra e la mano sinistra sopra la destra. Girate di nuovo le mani e le braccia e, come l'ultima volta, inspirate dal naso ed espirate dalla bocca per cinque volte. Una volta fatto questo, rilassatevi e distendetevi. Prendetevi un momento per pensare a come vi sentite e a come si sente il vostro corpo. Infine, per concludere, unite le cinque dita di entrambe le mani e alzatele, in modo da formare una specie di piramide con le mani. Sentitevi presenti e consapevoli in quel momento. Respirate profondamente usando la pancia e non il petto. Dopo qualche respiro, rilassatevi e pensate di nuovo a come vi sentite.

ESERCIZIO DI PSICOLOGIA ENERGETICA N. 3

Una volta presa confidenza con l'esercizio dell'incrocio delle caviglie e delle mani, si può scegliere una versione un po' più complessa. Si tratta di alzare lo sguardo verso il soffitto o il cielo quando si inspira e di abbassarlo verso il pavimento

quando si espira. Poi, per rendere le cose ancora più compli-
cate, bisogna spostare la lingua verso il palato quando si
inspira e verso il fondo della bocca quando si espira. In questa
versione dell'esercizio ci sono parecchie cose da ricordare,
quindi iniziate con l'esercizio semplice e, una volta che
l'avrete imparato alla perfezione, potrete passare a questa
versione più complessa e vedere come va. Dopo, rilassatevi e
distendetevi. Ancora una volta, create la forma piramidale
con le mani e prendetevi un po' di tempo per rimanere nel
momento e per essere consapevoli di come si sente il vostro
corpo. Come potete vedere, non c'è bisogno di battere la
fronte o di sdraiarsi in posizioni difficili. È un'attività che
potete facilmente inserire nella vostra giornata, magari al
risveglio o prima di andare a dormire. Ogni volta che avete
qualche minuto per voi stessi, cercate di fare questi esercizi.

PSICOTERAPIA SENSOMOTORIA

Le persone responsabili della denominazione delle terapie
amano dare loro nomi difficili, non è vero? La psicoterapia
sensomotoria deriva dal sensomotorio, che avevamo già
incontrato in questo libro parlando dell'amnesia sensomotoria. Questo tipo di psicoterapia, come molte altre nell'ambito
della terapia somatica, si concentra sul corpo per sbloccare e
liberare i traumi intrappolati.

Pat Ogden è arrivata a sviluppare questo tipo di terapia
dopo aver lavorato in un ospedale psichiatrico ed essersi resa
conto che i pazienti non collegavano mai i loro disturbi fisici
con i problemi di salute mentale. Notò che coloro che
frequentavano la terapia tendevano a rivivere e a scatenare le
loro esperienze traumatiche, senza che ciò li aiutasse real-

mente a guarire. Ogden ha deciso di porre rimedio a questa situazione combinando elementi di psicoterapia con elementi di terapia somatica, qualcosa che sottolineasse il legame tra il corpo e la mente, senza ignorarlo. Ogden si unì a Ron Kurtz e insieme formarono un istituto di formazione noto come Istituto di Psicoterapia Sensorimotoria (Sensorimotor Psychotherapy, 2015).

Come la maggior parte delle terapie somatiche, la psicoterapia sensomotoria ritiene che il trauma possa rimanere intrappolato nel corpo se non viene affrontato completamente in quel momento, e che quindi possa provocare problemi sia fisici che mentali. Cerca di chiudere il trauma in uno spazio sicuro. Non crede necessariamente che si debbano ricordare le esatte caratteristiche di un trauma per liberarlo in modo efficace.

Sebbene le modalità di applicazione della psicoterapia sensomotoria possano variare a seconda degli operatori e delle problematiche affrontate, vi sono tre elementi principali su cui è necessario concentrarsi:

- **1: Creare uno spazio sicuro:** Questo permette alla persona di sentirsi a proprio agio e di essere davvero consapevole del proprio corpo, dei propri sentimenti e sensazioni, dei propri movimenti e dei propri schemi respiratori. Avere un luogo in cui la persona si sente protetta la aiuta davvero a essere consapevole del proprio corpo e di ciò che prova sia nel momento che in relazione a esperienze passate.
- **2:** Quando una persona rievoca la propria esperienza traumatica, viene annotato **ciò che**

prova e **dove lo prova**. Ad esempio, se una persona dice di sentirsi ansiosa, dove sente quest'ansia? Si sente lo stomaco annodato? Ha mal di testa? Sente il bisogno di grattarsi la pelle? Questo può aiutare a cercare di reimmaginare eventuali eventi traumatici incorporando queste sensazioni corporee.

- **3:** La persona deve **completare l'azione richiesta** che consentirà di liberarsi del trauma. Questo dovrebbe dare un senso di soddisfazione alla persona che finalmente fa ciò che deve fare e mette da parte il trauma. La persona dovrebbe essere in grado di trovare quella calma e quella pace che esistono quando il trauma viene finalmente relegato nel passato e li rimane.

I trauma viene finalmente archiviato nel passato e lì rimane.

La psicoterapia sensomotoria mira a dare alle persone la capacità di controllare le proprie reazioni agli eventi traumatici e la consapevolezza di come il trauma possa avere un impatto sul corpo, non solo sulla mente. Cerca inoltre di fornire gli strumenti per distinguere il passato dal presente. Aiuta a considerare i pensieri e i sentimenti, sia nella mente che nel corpo, invece di farsi sopraffare da un evento traumatico.

Non ci sono ancora molte ricerche sull'efficacia della psicoterapia sensomotoria. Tuttavia, uno studio è stato condotto su dieci donne con una storia di abuso infantile. Esse hanno partecipato a 20 sessioni settimanali di terapia di gruppo basate sulla psicoterapia sensomotoria. Lo studio ha concluso che ci sono stati miglioramenti significativi nella consapevolezza del corpo, nella dissociazione e nell'accettazione della pace e della calma (Langmuir et al., 2012).

Un aspetto spesso utilizzato nella psicoterapia sensomotoria è il radicamento. Quando si ha la sensazione di aver perso l'orientamento nel mondo e di essere instabili sia mentalmente che fisicamente, è necessario un radicamento. Gli esercizi di radicamento sono descritti come la capacità di piantare saldamente i piedi a terra e di prendersi il tempo necessario per essere consapevoli del proprio corpo e di tutto ciò che ci circonda. Ecco alcuni esercizi elementari di radicamento che potete praticare ovunque:

- Ci sono alcune varianti che si possono fare. Potete mettere una mano sulla fronte e una sul cuore, una sulla fronte e sulla pancia o una sul cuore e una sulla pancia. Scegliete la vostra combinazione o provatele tutte. Una volta in posizione, esercitate una piccola pressione con le mani e poi respirate profondamente.
- Sfregate le mani, in particolare i palmi. Pensate che è come se aveste un bastone tra le mani e doveste accendere il fuoco. Una volta che i palmi si sono riscaldati per l'attrito, metteteli sugli occhi, fate una piccola pressione e respirate profondamente.
- Incrociate le braccia e afferrate la parte superiore delle braccia, in modo che la mano sinistra si trovi sul braccio destro, ad esempio. Stringete delicatamente e continuate a farlo lungo le braccia e poi di nuovo verso l'alto.

- Mettete la mano destra sul lato sinistro del petto e accarezzate (come fareste con un gatto) dalla spalla fino al cuore. Devo dire che lo trovo particolarmente confortevole, ma poi dicono che accarezzare un gatto può essere terapeutico; forse è l'accarezzamento che mi conforta.
- Mettete un piede sopra l'altro ed esercitate una leggera pressione. Cambiare la posizione dei piedi e ripetete l'operazione.

Questi sono solo alcuni semplici esercizi che si possono fare a casa. In generale, la psicoterapia sensomotoria è una forma di terapia che necessita di un terapeuta che la guidi e la interpreti più di altre terapie. Tuttavia, non è nulla che non si possa insegnare da soli. Con gli esercizi di radicamento, vi ho già dato un'idea delle attività che potete facilmente praticare a casa.

TERAPIA DELLA GESTALT

La terapia della Gestalt consiste nel concentrarsi su ciò che sta accadendo in questo momento e nel non basare il presente su ciò che può essere accaduto in passato. A chi si sottopone alla terapia della Gestalt viene chiesto di reimmaginare le esperienze passate. Attraverso le varie tecniche e strumenti, diventano consapevoli di come i loro schemi di pensiero e i loro comportamenti abbiano un impatto negativo sulla loro vita. Se riescono a cambiare questi schemi, possono trovare una vita soddisfacente.

La parola "gestalt" può significare "intero" e lo psicotera-peuta che ha sviluppato questo tipo di terapia, Fritz Perls, credeva molto nel fatto che le persone fossero trattate come un insieme di mente, corpo e anima/spirito. Credeva inoltre che le persone potessero essere veramente comprese solo quando guardavano le cose con i loro occhi, non tornando mentalmente al passato e rimanendovi, ma portando il passato nel presente. La terapia della Gestalt sostiene che non basta parlare di ciò che una persona prova nel passato, ma è necessario rievocare quei sentimenti nel presente. Se non si riesce a far emergere i sentimenti nel presente, ciò può portare a problemi di salute mentale e fisica. Peris era un convinto sostenitore del fatto che non siamo stati messi su questa terra per cercare di essere all'altezza delle aspettative degli altri e, allo stesso modo, gli altri non sono obbligati a essere all'altezza delle nostre (Clarke, 2021). Fornendo alle persone la capacità di diventare consapevoli di sé, apprezzeranno la connessione tra mente e corpo e troveranno modi migliori per affrontare tutte le frecce e gli archi che la vita quotidiana può scagliare contro di noi.

Ma funziona? Uno studio condotto a Hong Kong su genitori ansiosi ha rilevato che, dopo quattro settimane di terapia della gestalt, i genitori avevano livelli di ansia più bassi, erano meno disposti a evitare le esperienze interiori, erano più gentili con se stessi e dimostravano una maggiore consapevolezza rispetto a quelli che non avevano seguito la terapia (Leung & Khor, 2017). Uno studio condotto su donne affette da depressione ha rilevato che la depressione è stata ridotta efficacemente utilizzando la terapia della gestalt (Heidari et al., 2017). Non so perché questi studi sembrino concentrarsi sulle donne. Tuttavia, uno studio condotto su donne divorziate ha concluso che dopo 12 sessioni di terapia gestaltica, le donne hanno mostrato molta più fiducia in se stesse e nelle proprie capacità (Saadati & Lashani, 2013).

Direi che la terapia della gestalt è una forma di terapia che è meglio praticare con un terapeuta piuttosto che da soli. Tuttavia, ci sono esercizi di terapia della gestalt semplici e diretti che si possono fare a casa se si vuole esplorare questo ambito.

ESERCIZIO DI TERAPIA DELLA GESTALT N. 1

Questo esercizio è noto come meditazione di scansione del corpo e ci aiuta a connetterci con il nostro corpo, una parte essenziale della terapia gestaltica e della terapia di guarigione somatica. Assicuratevi di trovare un posto comodo e tranquillo dove sdraiarvi. Chiudete gli occhi e prendete coscienza del vostro respiro, di come l'aria entra ed esce dal corpo e di come la pancia si alza e si abbassa. Prendetevi qualche minuto per concentrarvi sul modo in cui respirate e su ciò che fa il vostro corpo. Dopo questi minuti, iniziate a concentrarvi sulle dita del piede sinistro e immaginate che il vostro respiro scorra lungo il corpo, lungo la gamba e dentro le dita. Concentratevi sulle sensazioni che provate nelle dita dei piedi e rimanete su queste sensazioni, con curiosità. Ora spostate l'attenzione lungo il piede, dalle dita fino al tallone e alla caviglia. Prendete il tempo necessario per scendere. Ogni volta, concentratevi nuovamente su quella parte del piede e immaginate che il vostro respiro fluisca verso quella parte del corpo e che cosa senta il vostro corpo di conseguenza.

Risalite lungo tutta la gamba fino al bacino, facendo la stessa cosa. Poi fate lo stesso con l'altra gamba. Ora concentratevi sulla pancia e sulla parte bassa della schiena, poi sulla parte alta della schiena e sul petto, risalendo lungo il resto del corpo fino a raggiungere le spalle. Quindi concentratevi sulle dita di entrambe le mani contemporaneamente e risalite lungo le braccia fino a raggiungere nuovamente le spalle. Ora spostate l'attenzione sulla testa, risalendo attraverso il collo, il mento, la bocca, il naso, gli occhi e tutto il resto, passando per la nuca e terminando sulla sommità del capo. Ora spostate l'attenzione su tutto il corpo e sentite il respiro entrare dalla sommità del capo ed uscire dalla punta dei piedi. Poi, sentite che entra dalle dita dei piedi ed esce dalla sommità del capo; continuate a farlo per qualche minuto. Poi, lentamente, prendete di nuovo coscienza del ventre che si alza e si abbassa a ogni respiro. Cominciate a muovere alcune parti del corpo, come le mani e i piedi, e quando sentite di essere pronti, aprite lentamente gli occhi. Potreste rimanere sdraiati per un po' prima di alzarvi da terra e ricominciare a muovervi. Si può approfittare dell'occasione per annotare qualsiasi sensazione particolarmente forte provata durante la meditazione o per fare un confronto su come ci si sentiva prima e dopo.

TERAPIA DI FOCALIZZAZIONE (FOCUSING)

Il focusing è esattamente quello che sembra. Ci si concentra su se stessi e si impara ad ascoltare le sensazioni più intime che il corpo sta cercando di comunicare. Il focusing può essere praticato da chiunque abbia appreso le procedure. Può essere usato con la frequenza o la frequenza desiderata dalla persona che lo pratica. La persona che esegue la focalizzazione è quella che ha il controllo di ciò che accade.

Il focusing è stato sviluppato per la prima volta da Eugene

Gendlin negli anni Cinquanta, quando fece una ricerca su ciò che in particolare rendeva la psicoterapia vantaggiosa per le persone. Scoprì che coloro che apparentemente traevano il massimo beneficio dalla psicoterapia erano persone che provavano sentimenti non facilmente spiegabili. Tuttavia, queste persone erano in grado di dare una descrizione o un'immagine a questi sentimenti. In questo modo, le persone scoprivano ciò che non era ancora stato scoperto, consentendo alla psicoterapia di continuare a progredire. Gendlin ha anche osservato che questo fenomeno era normalmente accompagnato da un sospiro o da un respiro profondo da parte della persona, che indicava una sorta di liberazione. Per coloro che si occupano di guarigione somatica, possono dire che è il trauma che viene rilasciato (Jordan, 2016).

Gendlin ideò la focalizzazione per aiutare coloro che non potevano accedere così facilmente alla capacità di scovare questi sentimenti senza nome così profondamente nascosti. Inizialmente scrisse che la focalizzazione consisteva in sei fasi principali:

- **1:** Creare uno spazio.
- **2:** Trovare quelle sensazioni interiori sconosciute, che Gendlin ha descritto come un "senso percepito".
- **3:** Find a description or title for your "felt sense."
- **4:** Ripetete i termini o le descrizioni per assicurarvi che corrispondano correttamente alla "sensazione".
- **5:** Prova a chiedere: In questo caso la persona che si concentra si pone delle domande a cui non si può rispondere semplicemente con un "sì" o un

"no", come ad esempio: "Cosa c'era di così difficile in quella situazione? Perché non riesci a superarlo? Cosa c'era di così bello in quella situazione?".

- **6**: Avere un sblocco nel corpo, che Gendlin ha definito "spostamento percepito". È ovviamente molto vantaggioso per la persona che fa la focalizzazione se sperimenta un "cambiamento sentito", ma non è essenziale. Il focusing è un processo continuo, quindi il punto di partenza e il punto di arrivo possono essere due luoghi molto diversi (Jordan, 2016).

Uno studio condotto su 87 persone ha rilevato che la focalizzazione può essere efficace nel fornire sostegno a chi ha subito un grave trauma (Zweircan & Joseph, 2018). Alcuni direbbero che la prova è nella ricerca di Gendlin stesso quando ha sviluppato l'idea della focalizzazione.

Ora ripercorriamo le sei fasi individuate da Gendlin sotto forma di esercizio, per capire se la focalizzazione è qualcosa che pensate possa fare la differenza nella vostra vita. Questo esercizio può richiedere fino a 20 o 30 minuti, quindi è necessario liberare un po' di spazio nel vostro calendario. Invece di guardare un programma televisivo in cui sapete già cosa succederà, potete fare questo esercizio. Potete sdraiarvi su un letto (magari quando vi svegliate o prima di dormire) o sul pavimento. Se preferite, potete anche sedervi su una sedia con i piedi ben appoggiati a terra.

- **1**: Il primo passo è liberare lo spazio in modo da poter fare un rapido esercizio di rilassamento. Mettetevi comodi e fate un respiro profondo.

Notate il peso del vostro corpo sul pavimento, sul letto o sulla sedia. Allentate gli indumenti che potrebbero essere troppo stretti e chiudete gli occhi. Inspirate ed espirate e notate il vostro respiro mentre lo fate. Ripetete l'operazione più volte e fate attenzione al vostro respiro. Prendete nota di qualsiasi punto del corpo in cui c'è tensione. Immaginate la tensione come un fiume d'acqua che scorre nel vostro corpo e che esce dalle dita delle mani e dei piedi. Continuate a respirare, lasciando che la tensione scorra dalle dita delle mani e dei piedi. Ora, trovate un luogo all'interno del vostro corpo in cui vi sentite tranquilli.

- **2:** Passate lentamente all'esercizio successivo e ritrovate il "senso del corpo". Tenete gli occhi chiusi e pensate al centro del vostro corpo. Cercate di ricordare un'esperienza dell'ultima settimana che vi ha preoccupato o messo in difficoltà. Pensate a quell'esperienza e cercate di formarne un'immagine nella vostra mente. Cercate di mettere da parte tutti i pensieri che avete avuto al riguardo e cercate la "sensazione", cioè la sensazione che avete provato quando è avvenuta l'esperienza e non quella che avete provato dopo. Mettete da parte i pensieri e cercate di percepire la sensazione di quell'esperienza.

- **3:** Ora dovete trovare un titolo, una descrizione o un'immagine per quella "sensazione". Tenete gli occhi chiusi, continuate a respirare e vedete se vi vengono in mente parole o immagini.

- **4**: Ripetete quella parola o immagine e vedete se risuona in voi. Verificate se corrisponde davvero alla "sensazione" che avete avuto nel centro del corpo riguardo alla vostra esperienza. Continuate a verificare l'una con l'altra. Saprete quando avete capito bene, perché sentirete che il vostro corpo è d'accordo con voi.

- **5**: Che cosa vi chiedete? Dipende da ogni esperienza il tipo di domande che possono emergere, ma forse vi state chiedendo cose come: "Cosa c'è di così difficile in questa esperienza per me?". Tra una domanda e l'altra, dovreste aspettare circa un minuto per determinare cosa vi sta dicendo il vostro "sentire". Poi, vedete quali parole o immagini vi vengono in mente per etichettare quella sensazione. Ora provate a far sentire al vostro corpo come sarebbe se la situazione o l'esperienza su cui avete riflettuto fosse davvero a posto. Prendetevi un minuto o poco più per sentirlo. Poi chiedetevi: "Che cosa impedisce a questa esperienza di andare bene?". Non rispondete con la mente. Devo dire che è sempre difficile resistere a questa domanda, ma provateci. Dovete sentirlo di nuovo nel vostro corpo. Come per gli altri punti, potrebbe essere necessario un minuto o poco più per far emergere qualcosa. Ancora una volta, ascoltate il "sentire" nel vostro corpo e trovate una parola o un'immagine che possa rappresentare ciò che impedisce all'esperienza di andare bene. Infine, cercate di capire cosa potrebbe farvi passare da un'esperienza negativa a una positiva o almeno molto più sopportabile. Anche in questo caso, non rispondete con la mente: Lasciate che sia il vostro corpo a parlare. Qui potete fare altre domande. "Mi sembra giusto farlo?". Se il vostro "sentire" vi dice di no, allora dovete ripensarci; se il vostro "sentire" vi dice: "Sì, è giusto", allora potete fermarvi qui.

Si spera che alla fine di questo percorso si senta di avere una risposta al proprio problema. Anche se non è così, le soluzioni possono emergere in seguito. Per il momento, prendetevi un po' di tempo per fare una pausa e apprezzare voi stessi. Apprezzate il "pensiero" che il vostro corpo ha fatto in relazione al problema che avete.

Poi, quando vi sentite pronti a farlo, aprite gli occhi e iniziate a prendere coscienza della stanza e di tutto ciò che vi circonda. Se siete stati fortunati, alla fine del quinto passo potreste aver avuto lo sblocco della tensione. Se non l'avete fatto, non c'è problema. Come ho detto prima, non è questo lo scopo della concentrazione. Il punto principale è conoscere il vostro corpo, comprenderlo e ascoltarlo in modo da sapere veramente cosa state provando e qual è il modo migliore per risolvere i vostri problemi.

TERAPIA PSICODRAMMATICA

Non preoccupatevi. Non si tratta di Anthony Perkins con una parrucca da Psycho o cose del genere. La terapia psicodrammatica è una forma di terapia che richiede che una persona si impegni in azioni per risolvere i propri problemi. Può includere giochi di ruolo e terapia di gruppo.

Lo psicodramma è nato all'inizio del 1900 grazie allo psichiatra Jacob Moreno, che tenne la sua prima seduta di psicodramma nel 1921. Egli credette nello psicodramma grazie al suo apprezzamento per la terapia di gruppo e al suo interesse per le arti teatrali. L'idea alla base dello psicodramma è che, utilizzando tecniche drammatiche, una persona possa trovare la verità. Che sarà in grado di vedere il modo in cui si comporta con gli altri e nelle situazioni e aiuterà le persone ad affrontare i problemi emotivi che possono avere nella loro vita. Può essere usato per mettere in scena episodi passati, presenti o futuri. Attaccare i problemi in questo modo può dare alle persone una nuova prospettiva sui loro problemi e sul modo migliore in cui possono essere affrontati ("Psicodramma", 2016).

Lo psicodramma viene solitamente eseguito come terapia di gruppo, con l'esperienza di una persona che viene recitata e gli altri del gruppo che assumono altri ruoli all'interno di quella situazione. Tuttavia, è possibile eseguire alcuni aspetti dello psicodramma da soli, anche se non è così semplice come altre terapie da inserire nella vita quotidiana.

Le sezioni principali della terapia psicodrammatica sono solitamente tre: riscaldamento, azione e condivisione. La sezione di riscaldamento serve a incoraggiare la fiducia e la sicurezza e a garantire che i partecipanti si sentano disponibili e a proprio agio nell'ambiente e nella terapia. Questo può includere la presentazione dei partecipanti e l'esecuzione di un ruolo di qualche tipo. Nella sezione dell'azione, si recita un'esperienza della vita di una persona. Di solito vengono utilizzati alcuni metodi per raggiungere questo obiettivo, tra cui:

- **Inversione di ruolo:** La persona non interpreta se stessa, ma un'altra persona importante per la sua vita. Questo può portare a una migliore comprensione del motivo per cui il "qualcun altro" può comportarsi come si comporta, creando quindi empatia; può aiutare meglio la persona a capire il suo rapporto con il "qualcun altro".
- **Specchio:** La persona diventa spettatrice mentre altre persone recitano un'esperienza della sua vita. Questo può essere utile se una persona si sente piuttosto distaccata dal proprio essere, se non è in contatto con le proprie emozioni e sentimenti o se si sente eccezionalmente negativa riguardo all'esperienza.
- **Il raddoppio:** Un'altra persona assume il ruolo della persona ed esprime ciò che pensa siano i suoi pensieri e sentimenti. Questo metodo può essere utilizzato per costruire una comprensione della persona o per mettere in discussione, in modo piacevole, il modo in cui la persona si comporta in questo scenario.
- **Soliloquio:** In una situazione di terapia di gruppo, questa attività verrebbe svolta davanti agli altri membri del gruppo o a un terapeuta. Tuttavia, potete farlo anche da soli e, se avete bisogno di un pubblico, potete sempre farlo con il vostro partner, un familiare o un amico stretto, purché ciò di cui parlate non riguardi direttamente voi stessi. Potete

anche usare una sedia vuota sulla quale esprimere i vostri sentimenti.

La sezione di condivisione è quella in cui la persona cammina e cerca di capire meglio cosa è appena successo e perché, come risolvere meglio le cose nel presente o come risolvere meglio gli stessi tipi di scenari in futuro.

Credo che lo psicodramma sia una delle terapie meno confortevoli per una persona, soprattutto se ha vissuto eventi traumatici. Tuttavia, per coloro che fanno davvero fatica a tirare fuori le proprie emozioni o per coloro che, forse, hanno bisogno di tenere a freno le proprie emozioni, può essere una delle terapie più gratificanti.

Uno studio sull'efficacia dello psicodramma su ragazze di scuola media che avevano subito un trauma ha rilevato che riduceva l'ansia e la depressione e le ragazze diventavano meno chiuse in se stesse (Carbonelli & Parteleno-Barehmi, 2016). Un altro studio ha riportato che lo psicodramma potrebbe essere un trattamento efficace per gli adolescenti con traumi (Mertz, 2013). Una ricerca condotta su persone di un centro per tossicodipendenti affette da PTSD ha rilevato che, dopo essersi sottoposti allo psicodramma, i sintomi del PTSD si sono ridotti del 25% (Giacomucci & Marquit, 2020).

Come abbiamo visto, lo psicodramma è principalmente una terapia di gruppo, ma è possibile condurre gli esercizi da soli. Tutto ciò di cui avete bisogno è una sedia vuota; la sedia rappresenta l'altra persona della vostra vita con cui questo scenario ha a che fare. Muovete la sedia in modo appropriato; mettete le sedie vicine se vi sentite vicini alla persona. Se vi sentite distanti dalla persona, posizionate le sedie lontane. Poi, sedetevi sulla sedia che vi rappresenta, fate finta che l'altra persona sia seduta sull'altra sedia e dite tutto ciò che sentite di dover dire a quella persona. Può darsi che ci siano domande da fare, non solo esprimere un sentimento. Una volta fatto questo, alzatevi e andate a sedervi sull'altra sedia e interpretate il ruolo dell'altra persona, magari dando risposte alle domande o rispondendo a ciò che avete detto. Infine, tornate a sedervi sulla vostra sedia e tornate a essere voi stessi, rispondendo a ciò che ha detto l'altra persona. Potete continuare ad andare avanti e indietro fino a raggiungere la risoluzione desiderata. Potreste voler registrare la conversazione, perché a volte può essere uno shock quello che dite, sia come voi stessi che come l'altra persona. Il tutto dovrebbe durare solo pochi minuti. Questo tipo di esercizio può essere molto utile se ci sono sentimenti o situazioni irrisolte. Spesso può essere utile anche quando la persona verso cui si nutrono sentimenti irrisolti non è più tra noi, perché nella vita reale non si avrebbe mai l'opportunità di fare questa conversazione. Qualunque sia la situazione, questo esercizio può essere davvero utile per affrontare le questioni e i sentimenti irrisolti, aiutarvi a sentirvi meglio con voi stessi e con gli altri e a farvi decidere di andare avanti nella vostra vita.

DESENSIBILIZZAZIONE E RIELABORAZIONE ATTRAVERSO I MOVIMENTI OCULARI (EMDR)

L'EMDR è una terapia che cerca di guarire le persone da un trauma. L'EMDR si basa sulla teoria che, proprio come il corpo cerca di guarire da una ferita, anche il cervello ha bisogno di guarire da un evento traumatico. Quando non riesce a guarire e a elaborare correttamente, si verificano problemi di salute mentale. L'EMDR aiuta a riattivare questo processo di guarigione.

Come suggerisce il nome, durante la terapia si utilizzano i movimenti oculari. Una persona che si sottopone all'EMDR penserà a determinate cose legate a un'esperienza mentre compie movimenti specifici con gli occhi. Questo aiuta la persona a iniziare a elaborare questi ricordi e sentimenti. Invece di provare sentimenti negativi nei confronti di questi ricordi, inizia a sentirsi positiva per aver superato queste esperienze. Il movimento oculare funziona grazie alla funzione simile che si verifica nel sonno con il movimento oculare rapido (REM). Sì, è da qui che la band musicale ha preso il nome, se non lo sapevate già.

L'EMDR si concentra sul passato, sul presente e sul futuro. Esamina le esperienze traumatiche del passato, i problemi del presente e le soluzioni che possono essere raggiunte in futuro.

Le fasi che si svolgono durante l'EMDR sono otto. Queste sono:

- **1: La storia:** L'individuo elabora quali esperienze possono essere potenzialmente trattate con l'EMDR. Può anche pensare a quali abilità o cambiamenti di comportamento potrebbero essere necessari in futuro per affrontare tali problemi.

- **2: Individuare gli strumenti per affrontare il disagio emotivo:** Tra una seduta e l'altra dell'EMDR, una persona può imparare diverse tecniche e strategie per ridurre lo stress.

- **3, 4, 5, and 6: La terapia EMDR:** Un'esperienza viene identificata e sottoposta alla terapia EMDR.

Durante questa fase, la persona riconosce un'immagine da associare all'esperienza, i sentimenti negativi che prova nei confronti di se stessa e tutte le sensazioni associate, sia a livello fisico che mentale. In seguito svilupperà sentimenti positivi nei confronti di se stessa. La persona considererà questa sensazione positiva rispetto a quella negativa. La persona si concentrerà quindi sull'immagine, sul sentimento negativo e sulle sensazioni corporee durante l'EMDR. Questo può includere colpetti e l'ascolto di suoni. La persona noterà come reagisce naturalmente a queste cose. Dopo ogni sezione di movimenti, colpetti o suoni, la persona cercherà di lasciare che la sua mente si svuoti e prenderà nota di qualsiasi cosa le venga in mente per prima. Il risultato determinerà il tipo di EMDR da utilizzare successivamente.

- **7: Chiusura:** La persona tiene un diario per tutta la settimana che riporta tutto ciò che accade di rilevante. Viene utilizzato per riaffermare le attività che la persona ha sviluppato per affrontare le cose nella seconda fase..

- **8: Rapporto sullo stato di avanzamento:** La fase finale consiste nel riferire sui progressi compiuti.

Uno studio di 24 sperimentazioni ha concluso che l'EMDR ha effetti positivi per quanto riguarda il trattamento dei traumi emotivi. Sette studi su dieci lo hanno ritenuto più efficace della CBT (Shapiro, 2014). Devo aggiungere che lo studio è stato redatto da Francine Shapiro, che ha ideato e sviluppato l'EMDR, quindi è necessario tenerlo presente quando si considerano i risultati. Esistono però altri studi. Una revisione sistematica della letteratura ha individuato che l'EDMR migliora i sintomi del trauma (Valiente-Gomez et al., 2017). Un'altra analisi di tutti i dati relativi agli studi sull'EDMR ha concluso che la terapia EMDR ha ridotto significativamente i sintomi del PTSD (Chen et al., 2014).

L'EMDR è un'altra terapia per la quale può essere meglio trovare un terapeuta con cui lavorare, ma si può comunque lavorare da soli nel comfort della propria casa. Ecco un esercizio che lo dimostra:

ESERCIZIO EMDR N. 1

Se vi sedete comodamente, incrociate le mani sul petto in modo da formare una farfalla con le dita rivolte verso l'alto. Unite poi i due pollici. Usate le mani per picchiettare alternativamente sul lato destro e sinistro del petto. In questo modo, i lati destro e sinistro del cervello si collegano tra loro. Prendete nota di ciò che vi circonda e di tutto ciò che accade. Tutto questo dovrebbe aiutarvi a calmarvi e a provare una sensazione di pace. Dovrebbe anche aiutarvi ad affrontare ed elaborare il problema attuale che vi causa stress.

7

TRAUMA DA VERGOGNA: CURARE IL BAMBINO INTERIORE E CREARE CONFINI

I l trauma della vergogna è un fenomeno che, purtroppo, si verifica troppo spesso e di solito è legato a esperienze vissute durante l'infanzia. Può essere difficile cercare aiuto e affrontare le emozioni e i sentimenti che spesso si manifestano. Ma se lo si fa, la terapia di guarigione somatica può aiutare ad alleviare parte del dolore.

GUARIRE IL BAMBINO INTERIORE ATTRAVERSO LA TERAPIA SOMATICA

La vergogna, come qualsiasi altro trauma, rimane "bloccata" in una persona. È difficile superare quel momento e sbloccare la vergogna, che quindi rimane all'interno della persona, causando tensione come qualsiasi altro trauma. La vergogna, tuttavia, tende a non essere causata da un incidente specifico, come un incidente d'auto o una guerra, ma si manifesta lentamente, nel corso del tempo, incidente dopo incidente, facendo sentire la persona come se ci fosse qualcosa di sbagliato in lei e non avesse alcun valore nel mondo.

Comincia a credere che tutto ciò che va male nella sua vita sia colpa sua. Tutti i loro problemi non sono colpa di nessuno, se non loro stessi. A volte, naturalmente, una piccola dose di vergogna può essere una buona cosa. Se avete fatto qualcosa di imbarazzante quando eravate ubriachi e vi svegliate il giorno dopo vergognandovi, chiamate le persone che avete urtato e chiedete scusa. La vergogna, in questo senso, ci aiuta a rivalutare il nostro comportamento e le relazioni con le persone, ma la vergogna tossica non è così. È di dimensioni più grandi e si tratta di un episodio ripetuto che ci colpisce fino a quando il nostro corpo e la nostra mente non riescono più a gestirlo. Spesso si ha l'impressione che non ci sia un processo di rivalutazione o di azione per superare la vergogna.

Per affrontare il trauma della vergogna, una persona ha bisogno di sentirsi in uno spazio confortevole e sicuro. Questo è importante per i traumi in generale, ma ancora di più per la vergogna. Spesso la persona deve affrontare i suoi sentimenti più profondi e oscuri, e questo può essere fatto solo in uno spazio sicuro in cui si sente abbastanza a suo agio da aprirsi su queste cose.

Ci sono diversi motivi per cui la terapia di guarigione somatica, in particolare, è efficace per la vergogna. Uno di questi è che è molto radicata nell'affrontare il presente, facendo in modo che una persona pensi al qui e ora e sia consapevole del proprio corpo. Si tratta di ascoltare il corpo e non solo la mente. Con la vergogna, è facile che una persona si scolleghi dal proprio corpo e smetta di prestare attenzione ai dettagli di ciò che accade intorno a lei. La terapia somatica è utile per interrompere questa abitudine.

Un'altra cosa utile, di cui abbiamo parlato in un capitolo precedente, è la pendolazione. Si tratta di far sì che una persona vada avanti e indietro, da uno stato d'essere all'altro, senza rimanere bloccata in un solo stato. Chi ha a che fare con la vergogna è sicuramente bloccato e la pendolazione può aiutarlo a uscire da questo stato in modo lento e sicuro.

Sebbene il sentimento di vergogna sia insito in noi, non è possibile provare vergogna se qualcuno non ci ha fatto vergognare. È estremamente importante per chiunque stia vivendo questo tipo di trauma rendersi conto che la vergogna è qualcosa che ci viene affibiato. Non è colpa vostra in nessun modo o forma. Questo sentimento di vergogna è più comunemente messo sulle nostre spalle da persone di potere, che si tratti di famiglia, amici, relazioni o lavoro, per citarne alcuni. In tutta onestà, coloro che hanno potere nella nostra vita spesso non si rendono conto di ciò che fanno, ma comunque sono loro che ci fanno vergognare. Allo stesso modo, qualsiasi trascuratezza o bambino facilmente liquidato può crescere con sentimenti di vergogna, che possono essere facilmente innescati più avanti nella vita.

Uno degli elementi strani della vergogna è che spesso, quando le persone si sentono svergognate, cercano di svergognare gli altri. Possiamo vergognarci di qualcuno perché ha riacceso in noi la vergogna. Tuttavia, la soluzione per perdere il sentimento di vergogna è spesso quella di tornare al motivo originario. Purtroppo, questa può essere spesso la vergogna trasmessa dai tutori o da chi si prende cura di noi. Non sempre pensano alle conseguenze del loro comportamento e a quanto a lungo può durare l'impatto.

Molti ritengono che il modo migliore per liberarsi definitivamente della vergogna sia restituirla a coloro che l'hanno fatta. Credono anche che questo debba essere fatto con forza, poiché, il più delle volte, la vergogna è stata distribuita con forza (Lyon, 2017). Non è necessario che questo avvenga tutto in una volta; all'inizio si può essere timidi e progredire fino a diventare forti, ma di solito è necessario esserlo per ottenere l'effetto desiderato. Devo anche essere chiaro: Non si deve necessariamente replicare alla persona nella vita reale (anche se questa può essere un'opzione separata dalla terapia somatica), ma farlo in modo immaginario. Questo può essere difficile solo come azione, ma molte persone esitano perché si vergognano di restituire la vergogna, soprattutto se si tratta di un familiare o di una persona vicina. Tuttavia, è necessario chiarire che c'è un'enorme differenza tra il denunciare le cose sbagliate e l'infamare qualcuno. È anche importante dire che la persona a cui state restituendo il vostro senso di colpa, in tutta onestà, probabilmente non intendeva quello che ha fatto o non ha capito veramente quello che stava facendo e l'effetto che avrebbe avuto. Forse si è vergognata e ha cercato di trasmettere la propria vergogna. La vergogna può anche trasmettersi per molte generazioni; forse il vostro tutore che vi ha fatto vergognare era stato fatto vergognare dal proprio responsabile. Chi riceve la "vergogna" la restituisce a chi l'ha generata e prova uno sblocco e una pace dentro di sé.

La famiglia in cui cresciamo e persino la società in cui cresciamo plasmano le nostre impressioni e le nostre prime convinzioni. Se non sono sempre esperienze positive, possono diventare convinzioni limitanti, come il pensiero "non sono abbastanza bravo per questo" o "non mi merito questo". Se qualcuno vi dice abbastanza spesso: "Non arriverai mai a molto", beh, sicuramente inizierete a limitare la vostra convinzione di voi stessi. Se tutti dicono: "Tuo fratello è molto più bravo di te", si finisce per crederci. Questo può valere anche per la società. Se certi gruppi di persone non ricevono messaggi positivi, non c'è da stupirsi che inizino a mettere in dubbio se stessi e se hanno qualcosa da offrire al mondo. Quando si diventa consapevoli di queste cose, può diventare un gran sollievo. Cioè che la vergogna e il senso di colpa che provavate non erano autentici: Sono stati messi su di voi da coloro che vi circondano e dalla società stessa. Quando una persona se ne rende conto, può davvero diventare un momento di liberazione.

Questo può estendersi anche alla cultura in cui si è cresciuti. Poniamo che siate cresciuti in una cultura in cui tutti devono essere molto macho. Tutti dicono "uomo" o "ragazzi, non piangete". Supponiamo di crescere in una cultura maschilista come questa. In questo caso, non c'è da sorprendersi che probabilmente farete fatica a mostrare qualsiasi tipo di emozione o sentimento a qualcun altro e che sarete piuttosto aggressivi nella maggior parte delle situazioni in cui vi troverete. Tutte queste cose possono influenzare il nostro bambino interiore e renderci la vita difficile quando saremo più grandi. Visto che i talebani hanno appena ripreso il controllo dell'Afghanistan, forse vivete in una cultura e in una società in cui l'istruzione delle donne non è valorizzata. Forse, con il tempo, ad alcuni individui è stato fatto il lavaggio del cervello per credere a questa assurda dottrina. Qualcuno vi chiede: "Perché non fate quello che volete davvero fare della vostra vita?". Voi rispondete: "No, non è quello che sono destinato a fare. Non ne sono capace", ma lo siete. La società ha posto su di voi una convinzione limitante e voi iniziate a crederci. Finite per fare cose che non avreste mai voluto fare perché credete che sia giusto per voi, e se seguite una strada diversa, proverete vergogna.

Anche se rifiutiamo consapevolmente quei valori e quelle

convinzioni che un tempo ritenevamo veri e che ora ci rendiamo conto essere falsi, c'è ancora il problema della nostra mente subconscia. Si stima che la mente subconscia sia responsabile del 90% dei nostri sentimenti e comportamenti e che una decisione o un'azione consapevole sia solitamente preceduta da una inconsapevole (Meyer, 2020).

La mente subconscia è davvero straordinaria. Pensate a quando siete bambini, questo è il motore che vi fa funzionare. Non abbiamo una mente cosciente fino a circa cinque o sei anni. È la mente subconscia che ha il controllo totale di ciò che facciamo fino a quel momento. È come una spugna che assorbe tutto ciò che accade intorno a sé e poi lo elabora. È inevitabile che abbia una forte influenza sulla mente cosciente.

Quando siamo molto giovani, la nostra mente normalmente recepisce qualsiasi nuova informazione e la prende al valore nominale, perché non abbiamo una serie di valori, credenze ed esperienze vissute con cui giudicarla. Ecco perché i primi anni di vita sono così importanti e possono avere un impatto duraturo su di noi per il resto della nostra vita. Una volta raggiunti i cinque o sei anni, abbiamo un sistema di valori e di credenze in base al quale giudicare qualsiasi nuova informazione, e questo è ciò che fa il nostro subconscio. Pertanto, spesso il modo in cui vediamo il mondo in questa fase della vita ha un impatto su come lo vedremo in seguito.

Il bambino interiore, quindi, può essere visto come parte della nostra mente subconscia. Le esperienze e, eventualmente, i traumi che abbiamo vissuto nei primi anni di vita non vengono semplicemente dimenticati, ma non vengono mai più rivisti. Tutto questo viene accumulato in una piccola parte di ciò che siamo e influenza la nostra salute e la nostra felicità nel corso della vita.

Tuttavia, se il bambino interiore soffre o è arrabbiato e questo ha un impatto negativo sulla nostra vita, non significa che non possiamo fare nulla per il nostro subconscio e per il nostro bambino interiore. È qui che entra in gioco l'esperienza somatica. In precedenza, tutte queste cose accadevano senza che ce ne rendessimo conto. Ma attraverso le esperienze somatiche, diventiamo consapevoli di noi stessi e del nostro corpo. Ascoltiamo noi stessi e il nostro corpo. Pertanto, possiamo fare uno sforzo consapevole per riprogrammare il nostro subconscio con pensieri positivi e amorevoli. Questo può essere il modo in cui parliamo a noi stessi, alle persone di cui ci circondiamo e persino a cose come i social media. Per tutti i pensieri e i sentimenti negativi che proviamo nei confronti di noi stessi o che sentiamo dagli altri, dobbiamo invece pensare al positivo. Se vi definite stupidi, cercate di pensare in modo più positivo. Il conscio può annullare il subconscio se glielo diciamo un numero sufficiente di volte; alla fine il nostro subconscio inizierà ad allinearsi con il conscio. In combinazione con le numerose tecniche somatiche esistenti, il bambino interiore inizierà a sentire l'amore, l'attenzione e il conforto di cui ha bisogno e il processo di guarigione potrà iniziare.

Le esperienze che viviamo di solito ci portano dietro un bagaglio emotivo. Non è nostra intenzione, ma è il nostro modo di dire: "Guarda cosa mi è successo: tante cose!". Solo quando lasciamo andare il nostro bagaglio emotivo ci rendiamo conto di quanto ci pesasse. Dobbiamo lasciar andare anche questo. La vita è troppo breve per portarsi dietro quel bagaglio e portarlo in ogni nuova situazione, esperienza e relazione. È estenuante. Dobbiamo essere più leggeri e più liberi nei nostri pensieri e sentimenti se vogliamo avvicinarci a vivere la vita da sogno che desideriamo.

Non dobbiamo solo eliminare il nostro bagaglio emotivo, ma anche le convinzioni limitanti. Finché sono ancora in circolazione, non abbiamo alcuna possibilità di guarire perché la nostra mente ci darà sempre delle ragioni per cui non possiamo fare le cose. "Non sono abbastanza bravo per questo, quindi perché provarci?", "Non sono abbastanza bravo per loro, quindi meglio chiudere subito prima che se ne accorgano", oppure "Non sono una persona molto sociévole, quindi non ho bisogno di amici". Tutti questi pensieri e altri ancora ci impediscono di realizzare il nostro potenziale, poiché le nostre convinzioni limitanti cercano di sabotare qualsiasi opportunità ci si presenti. Non sono la verità. Per diventare veramente consapevoli di sé, è necessario rendersi conto di queste convinzioni per quello che sono. L'aiuto è comunque a portata di mano. La mente subconscia che produce tutti questi pensieri di inadeguatezza può essere riprogrammata con la tecnica della libertà emozionale (EFT). Si tratta di picchiettare vari punti del corpo dove si ritiene risiedano i campi energetici, combinati con parole o frasi specifiche per dare un nuovo messaggio al subconscio e riprogrammarlo.

I condizionamenti e le programmazioni subite da bambini possono tornare e continuare a perseguitarci durante l'adolescenza e l'età adulta. Se i vostri modelli di riferimento vi dicono che non siete abbastanza bravi, non sarebbe sorprendente se, da adulti, cominciassero a manifestarsi sentimenti di inadeguatezza e inutilità. Allo stesso modo, se tutte le persone che vi circondano si preoccupano del denaro, probabilmente anche voi, da adulti, passerete il vostro tempo a preoccuparvi del denaro e a inseguirlo. Ciò che viviamo da bambini durante queste fasi così importanti può definire il resto della nostra vita.

Tuttavia, ci sono molte pratiche somatiche che possono aiutarvi a riprogrammare il vostro subconscio, a guarire il vostro bambino interiore e a cominciare lentamente ad annullare tutto il lavoro negativo iniziato quando eravate molto piccoli. Il lavoro di respirazione di cui si è parlato in questo libro può aiutarvi a entrare in contatto con il vostro bambino interiore, a sentirvi nel momento e ad ascoltare ciò che il vostro bambino interiore vi sta dicendo. Cose come scrivere un diario o una lettera al proprio bambino interiore possono essere molto utili per affrontare questo problema. L'EFT e altri esercizi di tapping possono aiutare a riprogrammare il subconscio e a dire cose positive su di sé, eliminando lentamente tutti i pensieri negativi e le convinzioni limitanti.

Un aspetto della terapia somatica che è scaturito dall'osservazione del bambino interiore è la teoria del "reparenting", rigenitorialità. Ora avete l'opportunità di dare a voi stessi ciò che non avete ricevuto da bambini e di cui avevate bisogno, rigenitorializzando voi stessi: forse la fiducia in voi stessi, la compassione o qualsiasi altra cosa. Questo non significa che i vostri genitori o chi si è preso cura di voi siano stati pessimi genitori: Significa solo che hanno agito in base alle loro convinzioni e al loro sistema di valori e forse non vi hanno dato tutto ciò di cui avevate bisogno senza alcuna colpa particolare.

Esistono forme di psicoterapia di reparenting che richiedono un terapeuta che assuma il ruolo di genitore, ma l'essenza del reparenting si può fare da soli: Amare se stessi incondizionatamente. Dovete essere compassionevoli con voi stessi; non giudicate o criticate i vostri pensieri e sentimenti, ma legittimateli e apprezzate il fatto che fanno parte di ciò che siete. Date al vostro bambino interiore un sacco di affermazioni positive per ricordarvi che siete amati, che siete degni e che ciò che pensate e sentite è valido. Se tornare al proprio bambino interiore e pensare a queste cose è troppo opprimente, è bene rivolgersi a un terapeuta, in modo che gli esercizi possano essere svolti in sicurezza. Ma i principi generali del reparenting, entrare in contatto con il proprio bambino interiore, rispondere ai suoi bisogni e soddisfarli, possono essere portati avanti da soli.

Imparare a curare il vostro bambino interiore può fare una grande differenza per voi. L'autocompassione e la conoscenza di come prendersi cura di sé possono portare a un miglioramento delle relazioni, siano esse personali, familiari, amicali o lavorative. Potrete davvero amarvi, godere della vostra compagnia e di quella degli altri, scoprire che la vita vi piace e che volete viverla appieno. Avrete fiducia in voi stessi e nelle vostre capacità e avrete sbloccato tutto il dolore e la tensione che vi hanno trattenuto per tanti anni. In alcuni casi, potreste esservi completamente distaccati dai sentimenti e dalle emozioni, quindi la guarigione del bambino interiore vi rimetterà in contatto con voi stessi e tornerete a provare cose come la gioia e l'amore.

Se la guarigione del vostro bambino interiore è qualcosa di cui credete di aver bisogno e che vi interessa, ecco un semplice esercizio di picchiettamento EFT per mettervi sulla buona strada:

- **1:** Per prima cosa, picchiettate il lato della mano con il mignolo e non con il pollice, a un ritmo abbastanza regolare. Mentre picchiettate, dite a voi stessi: *"Amo il mio bambino interiore. Accetto il mio bambino interiore. Mi amo incondizionatamente e senza eccezioni"*.

- **2:** Ora picchiettate la sommità del capo, picchiettate la fronte sopra il sopracciglio interno destro e picchiettate la tempia destra, ripetendo la seguente frase (o una frase che avete inventato e che vi si addice di più) su ogni area: *"Amo il bambino interiore che non ha ricevuto tutto ciò di cui aveva bisogno. Quel bambino era ed è incredibile"*.

- **3:** Toccate lo zigomo, appena sotto l'occhio e a lato del naso: *"Il mio bambino interiore è capace di tutto e ha il potenziale per raggiungere qualsiasi obiettivo"*.

- **4:** Toccate il labbro superiore, la parte tra il naso e la bocca: *"Il mio bambino interiore non conosce limiti"*. Toccate il mento: *"E amo il mio bambino interiore, a prescindere da tutto"*.

- **5:** Picchiettate sotto l'ascella, a lato delle costole; picchiettate la sommità del capo; picchiettate la fronte sopra il sopracciglio interno destro; picchiettate la tempia destra, ripetendo la seguente frase su ogni area: *"Se il mio bambino interiore commette errori o sbagli, non ha importanza. Io amo il mio bambino interiore a prescindere"*.

- **6:** Battere lo zigomo; battere il labbro superiore: *"Accetto pienamente il mio bambino interiore in un modo che non era disponibile in quel momento"*.

- **7:** Battete il mento: "Immagino di abbracciare il mio bambino interiore e di dirgli quanto sia fantastico e che tutto andrà bene".

- **8:** Toccate l'area in cui si trova il vostro cuore, verso la parte sinistra del petto: *"Proteggerò sempre il mio bambino interiore e fornirò sempre protezione al mio bambino interiore"*.

- **9:** Toccate sotto l'ascella, sul lato delle costole: *"Il mio bambino interiore ha il mio pieno sostegno e la mia accettazione"*.

- **10:** Picchiettate la sommità del capo; picchiettate la fronte sopra il sopracciglio interno destro: *"Amo il mio bambino interiore esattamente come è"*.

- **11:** Toccare la tempia destra: *"Se qualcuno dice qualcosa di male contro il mio bambino interiore, mi opporrò a lui"*.

- **12:** Battere lo zigomo; battere sopra il labbro superiore: *"Mostrerò al mio bambino interiore che ha valore, che è degno e che sarà sempre desiderato e amato"*.

- **13:** Battere il mento; battere l'area del cuore: *"Voglio davvero incoraggiare il bambino che è in me a mostrare quanto sia incredibile e splendente"*.

- **14:** Picchiettare sotto l'ascella, sul lato delle costole; picchiettare la sommità del capo: *"Guarendo il mio bambino interiore, guarisco anche me stesso"*.

- **15:** Battete la fronte sopra il sopracciglio interno destro: *"Non ho più bisogno della programmazione e del condizionamento con cui sono stato cresciuto. Quello che dico a me stesso ora è la verità"*.

- **16:** Picchiettare la tempia destra; picchiettare lo zigomo; picchiettare il labbro superiore: *"Il mio bambino interiore è e sarà sempre una parte di me, e quando mi prendo cura di me stesso, allora mi prendo cura del mio bambino interiore"*.

- **17:** Battete il mento: *"Quando dimostro amore a me stesso, sto amando anche il mio bambino interiore"*.

- **18:** Picchiettate la zona del cuore; picchiettate sotto l'ascella sul lato delle costole: *"Quando mostro compassione a me stesso, sono compassionevole anche verso il mio bambino interiore"*.

- **19:** Toccate la sommità del capo: *"Sto sbloccando il trauma e la tensione nel mio corpo e nella mia mente"*.

- **20:** Battete la fronte sopra il sopracciglio interno destro: *"Rilassa ogni osso e muscolo del mio corpo"*.

- **21:** Toccare la tempia destra: *"Non dovrò più portarmi dietro questo bagaglio emotivo. È scomparso per sempre"*.

- **22:** Picchiettate lo zigomo; picchiettate il labbro superiore. *"Mi sento così libero quando riesco a liberarmi di tutto il dolore e la tensione"*.

- **23:** Battere il mento: *"Non vedo l'ora di vedere cosa mi riserva il futuro. Sono entusiasta dei giorni che mi aspettano, ora che mi capisco meglio e sono in contatto con me stesso e con il mio bambino interiore"*.

- **24:** Toccare la zona del cuore; toccare l'ascella: *"Non ho più paura, non dubito più di me stesso e non vedo l'ora di vedere come il nuovo me stesso affronterà il mondo"*.

- **25:** Poi, fermatevi e prendetevi un momento di relax. Inspirate profondamente e poi espirate.

Questo è l'esercizio di picchiettamento che si spera sia stato molto utile. Se fare questi esercizi diventa troppo opprimente, rivolgetevi a un terapeuta professionista che vi aiuti in modo sicuro in questo processo. Spesso è utile visualizzare il proprio bambino interiore mentre lo si fa. Se avete una foto di voi stessi da bambini, a volte può aiutarvi nella visualizzazione. Poi potete immaginare di amare quel bambino e di volerlo proteggere. La prossima volta che vi sentirete duri con voi stessi, eccessivamente giudicanti o ipercritici, potrete guardare la foto e l'innocenza del bambino. Dovrebbero ritornare i sentimenti di voler amare e proteggere quel bambino, guidarlo, sostenerlo e incoraggiarlo. Sarebbe opportuno ripetere l'esercizio il più spesso possibile. Farlo una sola volta probabilmente non avrà lo straordinario effetto di aggregazione che avrà la pratica quotidiana. Trovate un luogo confortevole e tranquillo per qualche minuto nella vostra giornata e fate l'esercizio di tapping. Siate entusiasti dei potenti risultati positivi che il tapping di EFT può dare. Ricordate che potete adattare le frasi alla vostra situazione particolare.

LA VERGOGNA

È spaventosamente facile trovarsi a provare vergogna. Si ha la sensazione di non appartenere alle persone con cui si interagisce. Sentite che nessuno vi capisce o potrebbe mai capirvi. La vergogna può derivare anche da situazioni molto più gravi, come l'abuso o l'abbandono, in cui la vittima finisce per vergognarsi (mentre dovrebbe essere l'autore a vergognarsi delle sue azioni) di ciò che le è accaduto e di aver lasciato che accadesse. Anche se, realisticamente, non avrebbero potuto fare nulla per impedirlo. Le persone che vengono ostracizzate a scuola o che subiscono atti di bullismo possono spesso sviluppare sentimenti di vergogna. Per guarire dalla vergogna, dobbiamo riconoscere i bisogni sottostanti al sentimento di vergogna.

Inoltre, la vergogna non si manifesta da sola. La vergogna si sviluppa attraverso le interconnessioni con gli altri e l'ambiente in cui viviamo. Questo significa rendersi conto che non siamo soli al mondo. Stiamo tutti affrontando un viaggio per capire cosa significa essere umani. Nessuno di noi lo capisce veramente o lo sa perfettamente. È importante fermarsi e apprezzarlo.

La vergogna si verifica spesso quando le nostre aspettative di gioia e felicità non vengono soddisfatte. Ad esempio, un bambino fa qualcosa a un genitore, che non mostra alcun interesse, oppure raccontate una barzelletta ai vostri amici e nessuno ride (non c'è da stupirsi che i comici abbiano talvolta problemi di salute mentale). La vergogna può manifestarsi sotto forma di arrossamento e timidezza e può includere umiliazione e imbarazzo. Di conseguenza, anche il bullismo e la sminuizione possono provocare vergogna. Come già accennato, la vergogna può sicuramente derivare da qualcosa di così straziante come un abuso o un abbandono, ma può anche derivare dall'accumulo di episodi più piccoli (ma non per questo meno autentici).

Questo non significa che non dovremmo mai vergognarci. La vergogna ha uno scopo. Senza di essa, potremmo non accorgerci mai di aver fatto qualcosa di sbagliato e non saremmo in grado di comportarci bene nella società. Ma quando la vergogna diventa un trauma, non serve allo scopo per cui esiste. Se non viene trattata e si lascia che si incancrenisca in una persona, può sfociare, tra l'altro, nella dipendenza e nella depressione. Coloro che provano una vergogna così estrema di solito hanno difficoltà nelle relazioni, poiché si aspettano comunque un rifiuto, quindi fanno del loro meglio per far uscire l'altra persona dalla loro vita. Inoltre, chi ne soffre può sentirsi molto arrabbiato. Quindi, un individuo che cerca di mantenere una relazione di qualsiasi tipo con una persona che soffre e la cui prima reazione è quella di arrabbiarsi seriamente, magari anche di indulgere nella violenza, non è generalmente una priorità nella vita. La vergogna può ovviamente portare a sentimenti di insicurezza e inadeguatezza, che possono sfociare in atti di autolesionismo e pensieri suicidi. Forse chi viene costantemente criticato finisce per cercare di essere un perfezionista che non riesce mai a raggiungere la perfezione che desidera, o forse finisce per manifestare i sintomi del disturbo ossessivo-compulsivo (DOC). La vergogna non solo causa problemi mentali, ma anche fisici. Una persona con una forte vergogna può avere una postura scorretta, guardare sempre in basso e non guardare nessuno negli occhi, soffrire di stanchezza o di una stretta al petto, avere la sensazione di dover vomitare o avere problemi digestivi o di stomaco.

È qui che entra in gioco la terapia somatica. Può aiutare sia i sintomi mentali che quelli fisici della vergogna. Diventando consapevoli di ciò che il vostro corpo vi sta dicendo, è probabile che vi rendiate conto che la tensione del vostro corpo è legata alla vergogna che provate nella vostra vita quotidiana. Se pensate e affrontate gli episodi della vostra vita che possono aver contribuito alla vergogna, li abbandonate e li lasciate andare, questi episodi diventano segnali di forza per voi, anziché qualcosa che vi rende deboli e timorosi.

La vergogna è quasi sempre legata a ciò che è accaduto

nella vostra infanzia. Le insicurezze, i dubbi, le paure e la scarsa autostima che provate ora hanno probabilmente radici nella vostra infanzia. Se venite costantemente rimproverati per il minimo errore di valutazione, non c'è da stupirsi se crescete pensando che tutto ciò che fate sia sbagliato o che ci sia qualcosa di sbagliato in voi. Se si è vittime di bullismo, si può sviluppare il sentimento "Perché io? Ci deve essere qualcosa di sbagliato in me". Ovviamente, esperienze veramente traumatiche come l'abuso e l'abbandono possono far emergere questi sentimenti in modo molto più estremo.

Se sappiamo che i nostri sentimenti di vergogna da adulti sono profondamente radicati nella nostra infanzia, allora sappiamo che guarire il bambino interiore può, a sua volta, guarire la nostra vergogna. Tra le tecniche e le terapie migliori per aiutarci in questo senso c'è la CBT, in cui impariamo a controllare e cambiare i nostri comportamenti e schemi di pensiero. Pertanto, invece di pensare a insulti a noi stessi, possiamo imparare a pensare in modo positivo e a riaffermare la realtà che siamo buoni e capaci di fare cose buone.

L'esposizione prolungata (PE) può essere una buona forma di terapia per affrontare questo problema. Lentamente, una persona presta attenzione a cose che la stimolano e le fanno affrontare il problema. Magari si inizia con una foto di se stessi da bambini, poi si parla della vergogna che si provava da piccoli. Poi ci si immagina in un luogo che ricorda quella vergogna. Lentamente ma inesorabilmente, questo rimuoverà il potere che la vergogna ha su di voi.

Lo "Stress inoculation training" può essere una buona terapia da utilizzare. Piuttosto che lo stress in sé, utilizza lo stesso metodo di lavoro per contenere e controllare la vergogna. Può includere tecniche di respirazione e di rilassamento muscolare, giochi di ruolo, prendere nota dei pensieri negativi e modificarli. Esiste anche il training della mente compassionevole (CMF), che può aiutare una persona che parla negativamente di sé a cambiare il proprio comportamento e ad essere compassionevole e gentile con se stessa e con il proprio bambino interiore.

L'EMDR è un altro valido metodo da seguire. Pensare alla propria vergogna e a tutte le ferite subite dal proprio bambino interiore mentre ci si sottopone alle azioni di movimento oculare può aiutare ad alleviare la vergogna e a iniziare a guarire il proprio bambino interiore.

Tuttavia, una delle tecniche più potenti per guarire la vergogna e il vostro bambino interiore è il tapping EFT. È una delle tecniche migliori perché non dovete necessariamente rivivere i ricordi di quando vi vergognavate in continuazione. Dovete solo ricordarli abbastanza da abbandonarli. L'EFT è, nella sua essenza, un processo di guarigione e non un jukebox di ricordi. La combinazione delle affermazioni positive con il picchiettamento dei punti energetici sul corpo può essere eccezionalmente potente e fornire un vero senso di sollievo e di abbandono della vergogna, facendovi capire che il vostro bambino interiore ha bisogno di amore. Poiché il vostro bambino interiore è parte di voi, siete voi che potete fornire l'amore e il sostegno migliori.

Ecco un esercizio specifico di EFT per aiutarvi a imparare a guarire non solo la vostra vergogna, ma anche il vostro bambino interiore. Non dovete ripetere l'affermazione se non si riferisce a voi. Ognuno di noi ha vissuto esperienze diverse, quindi se le affermazioni non sono adatte a voi, sostituitele con quelle che ritenete più adatte all'esperienza che avete vissuto e alla vergogna che provate.

- **1:** Iniziate battendo il lato della mano e dicendo: *"Forse non ho ricevuto l'amore e la fiducia di cui avevo bisogno da bambino, ma mi amo e mi accetto ancora". Anche se posso sentire di non essere degno, offendermi e dubitare di me stesso, continuo ad amarmi e ad accettarmi con tutto il cuore".*

- **2:** Picchiettate la sommità del capo, la fronte sopra il sopracciglio interno destro, il lato della tempia, lo zigomo, il labbro superiore sotto il naso, il mento, la zona del cuore e sotto l'ascella a lato delle costole. Eseguite questo ciclo per circa otto volte mentre pronunciate quanto segue:

Forse non mi sono sentito sostenuto quando ero bambino o non ho sentito che c'era sempre qualcuno per me. Potrei non aver sentito che c'era qualcuno che mi proteggeva e di conseguenza potrei aver subito conseguenze terribili. Ho sempre pensato che ci fosse qualcosa di sbagliato in me o che tutto ciò che facevo fosse sbagliato. Ho sempre pensato di meritare le cose brutte che mi succedevano. A quel tempo non sapevo cosa fosse meglio.

Dico cose negative su di me. A volte mi vergogno così tanto di me stesso che mi detesto. A volte mi vedo allo specchio e non mi piace affatto quello che vedo. Quando penso alla mia vita, mi sembra di non aver raggiunto nulla e che tutto quello che ho fatto non sia servito a nulla. Mi do aspettative e obiettivi irrealistici da raggiungere. Mi sento come se non capissi il senso di nulla. Sono tutte cose che ho costruito nel mio essere fin da quando ero bambino. Sebbene questo sia ciò che ho imparato da bambino, ora ho imparato che la mia convinzione di non essere degno è assolutamente falsa.

Da bambino, però, non ne sapevo di più e quindi ho creduto che fosse vero per molti anni; questa bugia influenza ancora oggi la mia vita. Quando questi pensieri mi entrano in testa, mi sento molto giù e infelice. Devo avere la forza e il coraggio di cambiare questi pensieri, come so. Ora che sono adulto, so che questi pensieri non sono la verità. La mia mente può rendersene conto e il tapping che sto facendo ora lo dirà al mio cuore e al resto del mio corpo. So che tutti questi pensieri che avevo su di me sono sbagliati e falsi, ma mi facevano sentire come se ci fosse qualcosa di sbagliato in me e come se nessuno potesse amarmi.

Non sarei mai potuto essere abbastanza buono per qualcun altro. Tutto falso. Non devo più portarmi dietro il bagaglio emotivo che i miei educatori mi hanno consegnato. La vergogna che i miei educatori possedevano e mi hanno trasmesso non va oltre. Si ferma qui. Possono tenersi la vergogna. Io la rifiuto. È accettabile che io non sia perfetto in tutto e per tutto e che abbia dei difetti. Questo è l'essere umano. Mi amo e mi accetto, con tutti i miei difetti. La vergogna che provavo un tempo non ha più alcuna presa su di me. Quando abbandono la vergogna, mi sento libero e sollevato. Non vedo l'ora di avere un nuovo rapporto con me stesso.

- **3:** Inspirate profondamente, espirate e rilassatevi.

STABILIRE LIMITI SANI CON LE COMPETENZE SOMATICHE

Stabilire dei confini può essere essenziale per aiutarsi a guarire e a riprendersi da un trauma. Sono i meccanismi che vi separano dalle altre persone. È ciò che aiuta a definirvi come voi, dove iniziate e dove finite. I confini, però, devono essere flessibili. Quando ci si sente al sicuro, è più probabile che si estendano i confini, mentre quando non ci si sente al sicuro, si restringono e si tirano dentro i confini. Potete capire come questo sia importante. Se i vostri confini sono troppo liberi, finite per concedervi agli altri e può essere facile perdere voi stessi. Al contrario, se i confini sono troppo ristretti, ci si può isolare dal resto del mondo e sentirsi soli.

Come la maggior parte delle cose, i nostri confini sono stati appresi dal modo in cui i nostri tutori hanno risposto a noi quando eravamo bambini. Dovrebbero impegnarsi con noi quando abbiamo bisogno di impegno e lasciarci soli quando abbiamo bisogno di spazio. Non è sempre un problema se i tutori non si impegnano: Questo può aiutare il bambino a rafforzare la sua determinazione e la sua capacità di affrontare la situazione. Tuttavia, ci sono tre aree principali in cui il superamento del limite da parte di chi si prende cura del bambino può causare dei problemi:

- **1: Invasione:** È il caso in cui il tutore, invece di lasciare che il bambino abbia il suo tempo " per sé", fa l'opposto. Forse perché ha bisogno di conforto, non per motivi di cattiveria, ma questo può portare il bambino a crescere e a stabilire confini molto chiusi, a ritirarsi e quindi a diventare potenzialmente isolato.

- **2: Abbandono:** È l'opposto dell'invasione. I tutore non risponde ai bisogni o al desiderio di coinvolgimento del bambino. In età adulta, questo può portare a confini troppo liberi. Una persona finisce per cercare di accontentare tutti, magari cercando sempre di fare cose per attirare l'attenzione, e può perdere se stessa.

- **3: Sia l'invasione che l'abbandono**: In questo scenario, il tutore alterna in modo incoerente le due cose. Questo può davvero causare problemi, perché a volte una persona può finire per cercare di compiacere troppo le persone, e a volte finisce per allontanare tutti. È già abbastanza difficile mantenere una relazione con una persona che fa costantemente una di queste cose. Ma se fa entrambe le cose, a volte in modo casuale, può solo rendere la vita un mal di testa sia per loro che per chi li circonda.

Non mi piace molto etichettare le persone. Ho sempre pensato che probabilmente c'è del vero nella teoria dell'etichettatura di Becker, ma per essere chiari, mi riferirò alle persone "tossiche", anche se sono sicuro che in fondo sono brave persone e che non si sono poste dei limiti. Tutti conosciamo persone di questo tipo: Le persone che hanno pensieri e sentimenti negativi sono quelle che sembrano sempre trovare un modo per abbatterci o deluderci. Stabilire dei limiti è un modo per non avere queste persone nella propria vita, se non le si vuole. Se avete stabilito dei limiti sani, questo tipo di persone non dovrebbe essere vicino a voi. Allo stesso modo, i tipi di conflitto o le situazioni imbarazzanti in cui ci si può trovare possono essere evitati con la definizione dei confini. Se questi confini ci sono, allora voi e tutti gli altri sapete da che parte state e il conflitto non dovrebbe essere un evento quotidiano.

Le tecniche somatiche possono essere straordinariamente utili per stabilire e mantenere i confini. Per cominciare, inizierete a sviluppare la consapevolezza del vostro corpo. Inizierete a scoprire il "senso del corpo". Questo vi aiuterà enormemente a capire se le cose vi sembrano giuste o meno e se avete bisogno di rafforzare i vostri confini. Avrete anche la consapevolezza dei vostri processi di pensiero. Mentre prima potevate fare o dire automaticamente qualcosa che avrebbe permesso a qualcuno di approfittarsi di voi o di farvi ritirare quando qualcuno stava solo cercando di aiutarvi, ora sarete consapevoli di ciò che state facendo e di come vi state comportando. Questo potrebbe impedirvi di commettere gli stessi errori quando si tratta dei vostri limiti.

Una delle abilità più importanti da apprendere per stabilire i propri confini è imparare la capacità di dire "no", non solo in modo superficiale, ma in modo tale che l'altra persona sappia che non intende cambiare idea. Non dite automaticamente "sì". Riflettete sempre sulla vostra risposta e ricordate di ascoltare anche il vostro "sentire". Potete iniziare con piccole cose, come dire "no" a uscire il venerdì sera perché siete esausti e avete bisogno di una notte in casa. Oppure dire "no" a prestare denaro a una persona che non ve lo restituirà mai. Non è un prestito: State solo dando loro dei soldi. La prossima volta, non fatelo. Certo, le persone sono deluse quando dite di no: è inevitabile, ma questo non significa che dobbiate cedere. Deluderete le persone, ma questo le farà avere più rispetto e la prossima volta che direte "sì", sapranno che lo pensate davvero e smetteranno di chiedervelo inutilmente in futuro.

Questo ci porta a ciò a cui dovete dire un "sì" deciso: l'impegno a guarire e a prendervi cura di voi stessi. Se mettete al primo posto le vostre esigenze, vi rispettate e vi amate, allora dire "no" agli altri diventa più facile. Dite "no" agli altri ma "sì" a voi stessi.

Ecco un esercizio per definire i vostri confini, che vi aiuterà a dire "sì" e "no" e a far sì che il vostro corpo dica la stessa cosa.

ESERCIZIO DI DEFINIZIONE DEI CONFINI N. 1

Per prima cosa, osservate cosa succede al vostro corpo quando dite "sì" ad alta voce. Ripetetelo più volte e osservate cosa notate. Ora provate a dire "sì" con il vostro corpo. Cosa cambia? Forse il vostro respiro o la vostra postura. I vostri movimenti sono liberi? Vi sentite tesi? Pensate e annotate le situazioni in cui vorreste essere in grado di dire "sì". Per esempio, volete fare un esercizio di definizione dei confini? "Sì!"

Poi, fate lo stesso ma per dire "no". Prendete nota di come il vostro corpo risponde quando dite "no" ad alta voce per diverse volte. Poi provate a dire "no" solo con il corpo e osservate quali cambiamenti si verificano nel vostro corpo. Pensate alle situazioni in cui vorreste essere in grado di dire "no". Ad esempio: "Esci di nuovo stasera?".

Prendete una delle situazioni in cui avete detto che vorreste dire "sì", assumete la postura corporea del dire "sì" e annotate cosa succede quando immaginate quello scenario. Poi, fate lo stesso con una situazione a cui volete dire "no".

Alla fine, dovreste essere consapevoli di come assicurarvi che il vostro corpo e la vostra voce dicano la stessa cosa e siano davvero chiari su ciò che state comunicando.

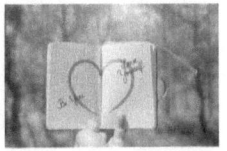

8

ANSIA, AMORE PER SE STESSI, COMPASSIONE PER SE STESSI E DEPRESSIONE DA OPPRESSIONE

Tutto ciò che è menzionato in questo titolo, la terapia somatica può affrontarlo e risolverlo. Se vi accorgete di soffrire di ansia, la terapia somatica è in grado di trattarla. Se soffrite di depressione, la terapia somatica può risolvere questo problema. Se avete un disperato bisogno di imparare a mostrare amore e compassione a voi stessi, la terapia somatica può mostrarvi come fare e aiutarvi a raggiungere questo obiettivo. Volete essere in grado di perdonare voi stessi per aver fatto cose che ritenete sbagliate? La terapia somatica può aiutarvi ad abbandonare la negatività dalla vostra anima. La terapia somatica è come trovare una fontana d'acqua in mezzo al deserto. Avete una sete di guarigione, e la terapia somatica vi disseterà.

Tuttavia, è difficile andare avanti se non ci si concede una pausa. Dovete essere in grado di perdonare voi stessi. Nessuno è perfetto, e questo include anche voi. Hai commesso alcuni errori e sbagli nella vita, ma tutti ne abbiamo commessi. Questo fa parte dell'esperienza umana. Se non trovate spazio nel vostro cuore per perdonare voi stessi, non supererete mai il primo ostacolo. Proverete sempre risentimento. Sarete sempre inclini alla rabbia e a scagliarvi contro le persone più care. Non riuscirete mai a realizzare ciò che volete nella vita o a raggiungere il vostro massimo potenziale. Dovete liberare il vostro cuore e perdonare voi stessi; poi, potrete iniziare a guardare a tutte le eccitanti opportunità che vi si presentano nella vita.

Dovete anche praticare il distacco dai risultati. Una volta fatto questo, vi aiuterà a liberare il cuore, a perdonare voi stessi e ad avere la possibilità di raggiungere il vostro massimo potenziale. E soprattutto, potrete godervi la vita invece di preoccuparvene in continuazione! Ho scoperto che quando ho praticato il distacco, mi ha davvero liberato da tanto stress e preoccupazioni su cui ero precedentemente concentrato. Rendetevi conto che non potete controllare gli altri. Le persone vi deluderanno e faranno cose che non condividete. Questa, purtroppo, è la vita. Non potete correggere queste persone. L'unica persona che potete "aggiustare" è voi stessi. Non avete bisogno di essere curati perché non c'è nulla di sbagliato in voi; avete bisogno di essere guariti. L'unica persona di cui potete controllare le azioni è la vostra.

Trovate la vostra versione di felicità. Non fate caso agli altri che vi dicono se dovete essere felici o meno o che cercano di definire i vostri successi o la loro assenza. Sta a voi decidere come deve essere la vera felicità, non a nessun altro. Tuttavia, dovete anche staccarvi dall'idea che tutto debba funzionare in un certo modo, perché non è così. Guardate quante volte si pianifica un evento solo perché qualcosa di completamente fuori dal nostro controllo lo cambia. La pandemia ne è un esempio lampante. Tutti i nostri piani sono andati in fumo a causa di qualcosa fuori dal nostro controllo.

Accettatelo: Non è necessario che le cose vadano in un certo modo o nel modo perfetto. Quando riuscirete ad accettarlo, vi sentirete davvero liberi di godervi e apprezzare la vita. Inoltre, probabilmente non sarete così duri con voi stessi in futuro. Non solo vi godrete e apprezzerete la vita, ma vi godrete e apprezzerete come siete.

Concediamoci subito un po' di amore per noi stessi con un rapido esercizio di picchiettamento EFT:

- **1:** Iniziate battendo il lato della mano mentre dite: "Mi accetto per quello che sono. Mi amo per quello che sono. Mi rispetto e mi aspetto che anche gli altri mi rispettino. Mi amo pienamente. Ho un valore. Ho valore. Sono abbastanza capace. Merito di avere amore e di essere amato. Mi amo sinceramente e prometto di amarmi e rispettarmi. Mi accetto come la persona che sono".

- **2:** Picchiettate la fronte interna sopra il sopracciglio destro; picchiettate il lato della tempia; picchiettate lo zigomo: "Mi amo completamente. Mi rispetto e credo di valere molto".

- **3:** Picchiettare il labbro superiore; picchiettare il mento; picchiettare sotto l'ascella sul lato delle costole: "Amare me stesso è una cosa magnifica. Pensare di non potermi amare non è più un'opzione".

- **4:** Toccate la sommità del capo, la fronte, la tempia, lo zigomo, il labbro superiore, il mento, la zona del cuore e sotto l'ascella: "Alcuni dei miei comportamenti erano probabilmente dovuti alla convinzione errata di non potermi amare. Ma ora la mia mente e il mio cuore sono aperti al potenziale dell'amore per se stessi. Forse prima avevo paura di amarmi, ma ora rifiuto questa idea. Non ho paura. Sono pronta ad amare me stesso".

- **5:** Picchiettate la sommità del capo; picchiettate la fronte; picchiettate la tempia; picchiettate lo zigomo: "Ho scoperto che, in realtà, più mi amo, più mi amo ancora di più".

- **6:** Picchiettare il labbro superiore; picchiettare il mento: "Amando me stesso, trovo che sia più facile amare gli altri".

- **7:** Toccare la zona del cuore; toccare sotto l'ascella: "Questo mi rende felice. Ecco perché amo amare me stesso".

- **8:** Picchiettate la sommità del capo; picchiettate la fronte; picchiettate la tempia. "Rifiuto tutti i pensieri che ho avuto in precedenza e che mi hanno fatto credere di non potermi amare".

- **9:** Picchiettare il labbro superiore; picchiettare il mento; picchiettare la zona del cuore; picchiettare la testa: " Purifico il mio cuore e perdono me stesso per poter amare me stesso".

- **10:** Battere sotto l'ascella: "Mi amo e mi stimo. Merito il rispetto. Mi amerò perché merito amore".

- **11:** Inspirare profondamente, espirare e rilassarsi.

Per ottenere l'amore per se stessi, è necessaria l'autocompassione; ecco quindi un esercizio di picchiettamento EFT per l'autocompassione. Vi indico di completare il ciclo di picchiettamento per circa tre volte mentre pronunciate le parole qui sotto:

> Sarò compassionevole verso me stesso. Mi amo e mi accetto per quello che sono. Mi voglio bene, quindi sarò compassionevole con me stesso. Poiché sono compassionevole verso me stesso, mi prenderò cura di me e mi curerò. Mi amo con tutto il cuore. Ripulisco il mio cuore, pronto ad accogliere la compassione che ora ho per me stesso. Tutti i pensieri e le ragioni che prima mi spingevano a non essere compassionevole verso me stesso ora li respingo. Sblocco quei pensieri e sentimenti negativi dalla mia mente e dal mio corpo. È fantastico per me mostrare compassione verso me stesso. Mi renderà più sano sia nella mente che nel corpo e mi renderà una persona migliore. Se sono compassionevole verso me stesso, è più probabile che mostri una compassione genuina anche verso gli altri. Rifiuto di parlare negativamente di me stesso o di mettermi giù. Ora mi rendo conto che non era un modo sano di agire. La prossima volta che commetterò un errore di giudizio o un errore, mi mostrerò compassionevole. Merito di essere compassionevole verso me stesso e lo sarò.

Inspirate profondamente, espirate e rilassatevi.

Ci siamo concessi un po' di amore per noi stessi e di auto-compassione, ora è il momento di perdonarci. Se non lo pratichiamo, saremo sempre arrabbiati con noi stessi e con il mondo. Iniziamo la guarigione e perdoniamo noi stessi. Ripetere il ciclo di picchiettamento per circa tre volte dicendo:

> Voglio perdonarmi completamente. Mi vergogno di cose che ho detto o fatto in passato. Voglio sbloccare il senso di colpa e la tensione che ho e sentirmi libero. È giusto che io mi perdoni. Per lasciarmi andare ed essere libero, ho bisogno di perdonarmi. Mi amo e mi accetto con tutto il cuore e mi perdono. Se mi amo, ne consegue che posso perdonarmi. Se voglio prendermi cura di me stesso, allora ne consegue che mi perdono. Merito il perdono, anche se a volte lotto contro questa convinzione. Mi amo incondizionatamente, quindi mi perdono. Qualunque cosa abbia fatto in passato, ne accetto la colpa. Ho imparato dagli errori commessi in passato. Ora mi perdono e vado avanti. Non vedo l'ora di ricominciare, ora che mi sono perdonato, per vivere una vita più felice e sana e per essere in grado di perdonare me stesso e gli altri con facilità. Mi accetto come sono e mi perdono. Mi perdono pienamente. Sono una brava persona. Mi perdono e sono in pace con me stesso.

Inspirate profondamente, espirate e rilassatevi.

So che le parole "amore per se stessi" possono far venire in mente immagini di persone con occhiali da sole rotondi e viola e fiori tra i capelli o far pensare che si tratti di un eufemismo di qualche tipo. Eppure c'è un motivo per cui esiste la frase: "Non puoi amare qualcun altro finché non ami te stesso". Il fatto è che finché non si ama se stessi, è molto più difficile affrontare il resto del mondo. Se odiate voi stessi, è quasi inevitabile che vi sentiate arrabbiati con voi stessi e con tutti gli altri, perché deve esserci una sorta di sfogo per scaricare la rabbia. Se non si ama se stessi, non ci si rispetta, quindi si anteporranno sempre i bisogni e i desideri di qualcun altro ai propri. Se si tratta di lavoro, è probabile che si vada incontro a un completo esaurimento. Se si tratta di relazioni, probabilmente la vostra personalità e il vostro essere voi stessi saranno completamente assorbiti dal vostro partner. Se amate voi stessi, quando nella vita accadono cose brutte (e accadranno - non si può sfuggire ad alcune di esse, come la morte di una persona cara), sarete molto più attrezzati per affrontare le situazioni in modo sano e non ricorrere a modi malsani per superarle. Una volta sviluppato l'amore per se stessi, tutto il resto ne deriva: rispetto, valore, fiducia e convinzione; le altre cose di cui abbiamo parlato, come la compassione e il perdono per se stessi, diventano molto più facili.

Naturalmente, non è facile arrivare a quel punto. Ci sono così tanti blocchi e ostacoli che ci impediscono di arrivarci. Sono tutti i discorsi negativi e le convinzioni limitanti che mettiamo davanti a noi stessi, credendo di non essere abbastanza bravi, di non essere degni di amore e di non essere mai all'altezza di nulla. Dobbiamo liberare il cuore e la mente da questi pensieri e sentimenti per progredire verso l'amore per noi stessi.

Una volta che ci amiamo, diventa possibile perdonare noi stessi. Tuttavia, dobbiamo assumerci la responsabilità, ammettere e scusarci per le cose veramente cattive che abbiamo fatto e detto. Tuttavia, se state consultando questo libro, è probabile che vi stiate incolpando quando in realtà non è stata colpa vostra. Come dice il proverbio, "bisogna essere in due per ballare il tango". Qualunque sia la situazione - pensate di aver ferito qualcuno o di aver fatto arrabbiare qualcuno - bisogna essere in due perché ciò accada. Non potete fare tutto da soli, quindi non è possibile che sia tutta colpa vostra. A meno che non siate stati a ballare il tango e abbiate pestato il piede al vostro partner, allora la colpa è vostra. No, aspetta: "Bisogna essere in due per ballare il tango".

Non siete soli: tutti noi abbiamo commesso errori e valutazioni terribili nella nostra vita. Ogni giorno prendiamo migliaia di decisioni, quindi è inevitabile che alcune di esse non vadano come vorremmo. È la vita. Se riuscite a fare questo passo verso il perdono di voi stessi, è davvero una trasformazione. Una volta che vi rendete conto che non tutto è colpa vostra, che non tutto dipende da voi e che non tutto si basa su ciò che fate, questo può davvero cambiare le cose per voi. Finché non lo farete, purtroppo, probabilmente vi impedirete di vivere la migliore vita possibile. Ci sarà sempre un elemento di autosabotaggio, ma una volta che vi perdonate e lasciate andare tutti i dubbi e le colpe, tutto diventa possibile.

Facciamo un esercizio di picchiettamento EFT per eliminare la colpa. Ormai sapete come funziona. Iniziate con un picchiettamento sul lato della mano. Poi, attraverso il ciclo, passate dalla sommità della testa al lato delle costole. Picchiettate per tutto il tempo che vi sembra giusto, o per tutto il tempo che vi serve. Dite quanto segue:

Mi vergogno di ciò che ho fatto e detto. È stato così sciocco da parte mia. Mi pento molto delle mie azioni e mi sento molto in colpa. Vorrei riuscire a perdonarmi per questo, ma sento ancora che è tutta colpa mia. Finora non sono riuscito a lasciar andare il senso di colpa e a perdonarmi. Oggi le cose cambiano. Con questo tapping, inizio il mio viaggio per sbloccare il senso di colpa e la vergogna dalla mia mente e dal mio corpo. Oggi mi perdono e non mi aggrappo più al senso di colpa. Mi amo e mi accetto, quindi so che posso fare il passo di perdonarmi. Non tutto è colpa mia; non tutto accade a causa mia e del mio modo di essere. Ora lo so. Prima non lo sapevo. Per questo motivo, non ero in grado di perdonarmi. Ora mi perdonerò. Se potessi tornare indietro nel tempo, avrei agito diversamente, ma so di essere umano. Qualunque cosa mi abbia portato a comportarmi nel modo in cui mi sono comportato è avvenuta, ma è umano sbagliare. Per questo, posso perdonarmi. Tutto il senso di colpa, la vergogna e il rimpianto che ho tenuto dentro per tutti questi anni, ora lo autorizzo a dissolversi. Sto sbloccando tutto dal mio corpo e dalla mia mente. Lentamente e in modo sicuro, sblocco tutto. Sono pronto a perdonare me stesso. Lascio andare tutti i miei sensi di colpa. Cancello il senso di colpa dalla mia testa e dal mio cuore.

Inspirate profondamente, espirate e rilassatevi.

Anche con tutte queste promesse di perdono e di amore per noi stessi, può essere difficile andare oltre un certo punto. Questo perché a volte abbiamo un conflitto interiore in corso dentro di noi. Vogliamo perdonarci, ma qualcosa ci ferma e ci dice: "No, non meriti il perdono". In generale, il conflitto interno a volte può significare semplicemente che le cose non vanno bene dentro di noi. Non siamo in pace con noi stessi o con qualcun altro. Se questo conflitto interno non viene risolto, può trasformarsi in afflizioni molto più gravi, come la disperazione e la depressione. Per poter progredire, è necessario essere in grado di eliminare questo conflitto interiore.

Tutto ciò che ruota attorno a questo capitolo, e all'intero libro, riguarda l'esplorazione di se stessi e la scoperta di sé. Si tratta di capire come siete stati programmati nel corso degli anni e come vi sono state imposte delle convinzioni limitanti. Si tratta di imparare ad amarsi, ad accettarsi e a perdonarsi. Attraverso questa auto-scoperta, diventerà chiaro perché vi siete comportati nel modo in cui vi siete comportati e perché avete provato questi sentimenti ed emozioni nel corso degli anni. Forse scoprirete anche nuove emozioni e sentimenti che non sapevate nemmeno di avere dentro di voi. Finora, nella migliore delle ipotesi, avete annaspato nell' acqua, tenendo a malapena la testa fuori. Non avete avuto la possibilità di cogliere le opportunità della vita e di pensare a ciò che siete davvero destinati a fare. C'è una parola in sanscrito, Dharma, che assume il significato di scopo dell'anima. Ebbene, nel vostro viaggio alla scoperta di voi stessi, questa è davvero l'occasione per trovare lo scopo della vostra anima e della vostra vita. È l'occasione per dare alla vostra anima tutto il nutrimento e la bontà di cui può avere bisogno mentre esplorate voi stessi e vi amate di più. È l'occasione per scoprire che cosa volete davvero fare e che cosa fa cantare la vostra anima. Prendete il microfono della vita e cantate il brano che la vostra anima desidera. Tutto questo può essere realizzato con l'aiuto della terapia somatica. Può guarirvi, aiutarvi a scoprire voi stessi e ad allontanarvi dall'ansia e dalla depressione per raggiungere un vero luogo di felicità e pace. La terapia somatica può aiutarvi a raggiungere tutto questo e molto di più.

DEPRESSIONE E TERAPIA SOMATICA

La depressione può durare giorni, mesi e persino anni. È una cosa impegnativa da affrontare e da combattere quando si verifica. Può essere causata da qualsiasi cosa. Forse qualcosa nella vita cambia drasticamente o si vive un evento traumatico. A volte si manifesta quando non sembra esserci un motivo: probabilmente il corpo sta solo recuperando anni dopo l'evento, oppure è qualcosa di piccolo che ha portato il corpo oltre il limite. La depressione è ciò che si verifica quando il nostro corpo entra in una modalità di "congelamento" permanente o addirittura in una modalità di "spegnimento". Le donne tendono a soffrire di depressione il doppio rispetto agli uomini ("Disturbi depressivi", n.d.). Questo forse non è così sorprendente se si considera tutto ciò che il loro corpo e le loro dinamiche interne devono affrontare rispetto agli uomini, unitamente alla pressione che le donne spesso esercitano su se stesse per " essere sempre al massimo": una pressione che è completamente assente dalla vita della maggior parte degli uomini.

Ricordo l'unico periodo della mia vita in cui ho davvero lottato contro la depressione. È stato tra la fine dell'adolescenza e i vent'anni. Me lo ricordo molto bene perché, anche se non ho più avuto episodi simili da molti anni, sono sempre in guardia contro il ritorno delle stesse sensazioni. Un tempo era uno sforzo enorme anche solo alzarsi dal letto. Se mi alzavo dal letto prima di mezzogiorno era un miracolo. Una volta in piedi, non riuscivo a fare la doccia, a lavarmi i denti o a vestirmi. Ho sempre voluto stare da solo, perché stare in compagnia di altre persone diventava straziante. Pensi che nessuno voglia starti vicino, quindi diventa una profezia che si autoavvera, perché ti isoli da chiunque voglia aiutarti e sostenerti. Anche se non avrei mai potuto mettere in atto un tentativo di suicidio, non avevo quel tipo di azione in me; questo non mi ha impedito di avere quel tipo di pensieri in cui pensi che nessuno sentirebbe la tua mancanza se non ci fossi, e che il mondo sarebbe probabilmente un posto migliore se tu non ci fossi. Forse saresti più felice se non ci fossi più, perché la vita è troppo dolorosa e troppo faticosa per te. Nel mio caso, non credo che ci sia stato un solo evento a scatenarlo; credo che siano state molte cose, per un lungo periodo di tempo, a portarmi a quel punto, e credo che sia stato perché era una parte della mia vita in cui tutto stava cambiando. Spesso mettevo in dubbio chi fossi. Le parole non bastano a descrivere quanto sia cupa e solitaria la depressione, ma ora non mi sento più così: questo è il lato positivo. Se si riesce ad affrontarla, la depressione non è destinata a durare per sempre. C'è un motivo per cui il nostro corpo e la nostra mente entrano in depressione, e questo significa che c'è una via d'uscita. Questa via può essere la terapia somatica.

Dai capitoli precedenti sappiamo già che ci sono molte tecniche di terapia somatica che si possono provare se ci si sente depressi. Potete usare la CBT per mettere in discussione i vostri schemi di pensiero. Potete indagare su tutti quei pensieri che avete costantemente e che descrivono il peggior risultato o stato possibile. Pensiamo a quanto sia realistico quel modo di pensare e vediamo se possiamo cambiare il ragionamento. Anche la stimolazione del nervo vagale può essere una buona soluzione. Esistono versioni più estreme, in cui si usano elettrodi per stimolare il nervo anziché solo le dita, ma basta una semplice stimolazione del nervo vagale per mettere in moto il sistema di impegno sociale. Poi si può passare a uno stato d'animo più giocoso, in cui magari si può giocare con le espressioni del viso, con il tono di voce e cercare di far sì che la nuvola nera che aleggia su di noi si allontani, permettendo alla luce del sole di irrompere.

È possibile seguire alcune tecniche semplici che aiutano in modo specifico per la depressione. Una di queste consiste nell'assumere posizioni che allungano la colonna vertebrale. Nel capitolo successivo si parla di pratiche di yoga somatico, che comprendono posture utili a questo scopo. Quando siamo depressi, il nostro corpo tende a rannicchiarsi e il nostro petto si chiude un po', quindi fare cose per allungare la colonna vertebrale aiuta a migliorare la mentalità e la prospettiva. Non è una cura definitiva, ma può essere utile tra tutti gli altri lavori somatici.

Anche il movimento è un ottimo aiuto in caso di depressione. Anche solo alzarsi dalla sedia e stare in piedi può fare una piccola differenza. Tuttavia, se fate un po' di esercizio di base, qualche piccolo movimento di yoga, un po' di Qigong o qualche esercizio di tensione e sblocco muscolare - entrambi trattati nel Capitolo 9 - potete davvero aiutarvi a sollevare il morale e a sentirvi un po' meglio con voi stessi.

La psicoterapia sensomotoria, che vi ho illustrato nel capitolo 6, può essere uno strumento utile nella lotta contro la depressione. Prendetevi il tempo di sentire il vostro corpo e di farvi delle domande su come vi sentite. Il solo fatto di dedicare un po' di tempo alla conoscenza del proprio corpo e del mondo che ci circonda può stimolare il sistema nervoso e aiutarlo a produrre energia positiva.

ANSIA, FATTORI SCATENANTI, RIDUZIONE
DELLO STRESS E TERAPIA SOMATICA

L'ansia è una forma di preoccupazione estrema in cui ci si sente eccezionalmente stressati, il respiro può diventare superficiale, si può avere la sensazione di avere un attacco di panico, ci si sente male allo stomaco o si ha prurito alla pelle. Le reazioni fisiche all'ansia sono diverse, ma l'angoscia mentale è simile: si è spaventati o preoccupati per qualcosa o per una situazione. I fattori scatenanti sono ciò che la memoria associa al pericolo, sia esso una persona, un evento o un oggetto. Per esempio, avevo un'amica che era proprietaria di casa e un inquilino le aveva causato un forte mal di testa. Una volta che l'inquilino se n'è andato, la mia amica ha iniziato a temere qualsiasi cosa avesse a che fare con l'appartamento. Ha iniziato a immaginare ogni tipo di problema con l'appartamento che in realtà non esisteva, ma non era l'appartamento il vero pericolo, bensì il comportamento di persone imprevedibili. L'appartamento in sé andava benissimo.

Conosco una persona che stava facendo la chemioterapia. Hanno festeggiato il completamento del primo ciclo di guarigione mangiando pesce e patatine, senza rendersi conto che la chemio avrebbe potuto farli stare male in seguito. In effetti, dopo il pesce e le patatine si sono "ammalati". In seguito, non riuscirono ad assumere pesce e patatine per molto tempo, non solo perché li aveva fatti stare male, ma anche perché alla fine ricordava loro la chemio e, quindi, il cancro. Questi fattori scatenanti possono funzionare per oggetti e cose molto comuni, ma poiché si riferiscono al pericolo che la persona ha incontrato, il cervello si spaventa e collega le due cose, saltando alla conclusione sbagliata.

È bene essere chiari: i fattori scatenanti non sono una cosa negativa. Il loro compito è importante perché ci rendono consapevoli di un pericolo imminente. Il problema inizia a sorgere solo quando il cervello e il corpo vanno in sovraccarico e si inizia a scatenare il meccanismo del pericolo quando, in realtà, tutto è perfettamente sicuro. Questo può diventare un problema che si ritorce su se stesso, nell'esempio dell'appartamento del mio amico, che ne ha paura, il modo migliore per sfuggire alla paura è quello di non avvicinarsi o di non parlarne con nessuno. Tuttavia, la vostra mente inizia a fare l'associazione che ciò che vi ha salvato dal pericolo (immaginato) dell'appartamento è il non avvicinarsi ad esso. Quindi, si può diventare ansiosi anche solo in generale per quanto concerne la questione degli appartamenti. Qualsiasi appartamento ora è un fattore scatenante del pericolo. Ora si ha paura di uscire perché si potrebbe vedere un appartamento e si cerca di non parlare con nessuno perché potrebbe dire di vivere in un appartamento. Anche se può sembrare un po' sciocco, questo tipo di ciclo di pensieri non è raro. Quando i fattori scatenanti raggiungono questo livello di sensibilità, diventano pericolosi. Si può rimanere intrappolati in una spirale di ansia che viaggia sempre e solo verso il basso.

Ecco alcuni esercizi di terapia somatica semplici e facili da seguire che potete utilizzare per guarire dall'ansia e smorzare i fattori scatenanti:

- **1:** Dovete mettervi in una buona posizione di "radicamento". Assicuratevi di essere seduti comodamente su una sedia o su un divano, con i piedi ben appoggiati sul pavimento di fronte a voi. Cercate di rilassare le spalle, il collo e le braccia.

Appoggiate le mani e le braccia sulle cosce in modo da trovarvi in una buona posizione per respirare. Respirate come fareste normalmente e cercate di concentrarvi sui punti in cui sentite l'ansia a livello fisico. Identificate queste aree. È lo stomaco? È il petto che si sente stretto? Le mani sono sudate? La pelle prude? È il cuore che batte all'impazzata? Ovunque sentiate l'ansia, concentratevi su quella zona e immaginate che il vostro respiro provenga da quella zona. Potete toccare l'area in modo che la vostra mente e il vostro corpo facciano il collegamento con il punto in cui si trova l'ansia e che volete curarla. Dovreste rimanere in questa situazione di respirazione, concentrazione e guarigione per circa 30 secondi per vedere cosa succede, e poi dovreste sperimentarlo per un minuto intero. Nella speranza che l'area si senta meno tesa e che l'ansia cominci a ridursi.

- **2:** Di tanto in tanto, sedetevi e confrontatevi con voi stessi. Come state respirando? Respirate con il petto? Allora concentratevi e respirate con la pancia. L'eliminazione di questa forma di respirazione superficiale dovrebbe iniziare a influenzare le sensazioni di ansia e a ridurle.

- **3:** Quando vi sentite tesi, stringete quella parte del corpo, rendetela il più tesa possibile e poi lasciatela andare lentamente e dolcemente. Per quanto possa sembrare strano, rendere il più possibile tesa la zona in cui si avverte l'ansia e poi lasciarla andare può effettivamente ridurre l'ansia. Questo perché il corpo e la mente riconoscono un problema e lo affrontano. Una volta fatto questo, il corpo può sentirsi più rilassato. Senza questo metodo e cercando di rilassarsi da soli, il corpo ha l'impressione che si stia cercando di ignorarlo. Riconoscendo l'ansia e irrigidendosi il più possibile nella zona interessata e poi lasciandosi andare, il corpo nota che ha riconosciuto di avere difficoltà in quella zona. Ora ha riconosciuto che è felice di lasciar perdere e di andare avanti.

SBLOCCO DELLA RABBIA SOMATICA

A volte la rabbia viene percepita come un'emozione malvista. La vediamo con sospetto e paura. Se qualcuno è arrabbiato, a volte lo vediamo come una debolezza; per esempio, possiamo sentire: "Oooh, cosa c'è di sbagliato in loro? Ho toccato un nervo scoperto, vero?" e altri commenti del genere. Naturalmente, come tutte le emozioni, la rabbia ha uno scopo. Se siamo arrabbiati, è perché qualcosa non va. Quando qualcuno è sempre arrabbiato, c'è qualcosa di sbagliato che è molto più profondo. Non si tratta solo di un problema di lavoro o di irritazione perché il vostro partner non ha fatto quello che voi stessi gli avete chiesto. Può anche portare una persona nei guai. La rabbia costante può portare alla violenza e alle minacce o a dire cose spiacevoli a persone che non centrano nulla. Per alcune persone può sfociare in un atteggiamento di silenzio o in un atteggiamento imbronciato continuo. A conti fatti, qualunque sia il risultato, non è piacevole sentirsi così: essere sempre in contrasto con tutti e tutto. È estenuante, oltre a tutto il resto, e una persona probabilmente non avrà molti amici o familiari in grado di tollerare questa rabbia permanente. Tuttavia, voglio che ricordiate una cosa: è giusto essere arrabbiati e non è qualcosa di cui vergognarsi. È una normale emozione umana che tutti noi proviamo. Reprimere le emozioni può essere pericoloso e può portare a problemi di salute, quindi essere arrabbiati va bene, nei limiti del ragionevole. Dobbiamo solo fare attenzione quando l'unica emozione che sembriamo provare è la rabbia.

La terapia somatica e l'esperienza possono essere di grande aiuto per coloro che hanno bisogno di capire, sbloccare e lasciar andare la rabbia in modo sano. Aiuterà a sbloccare tutte quelle emozioni sepolte nel profondo che una persona non è stata disposta a riconoscere e ad accettare. L'uso di tecniche somatiche per un lungo periodo di tempo può essere di grande aiuto nella gestione e nella regolazione della rabbia, che a sua volta può avere benefici per la salute: riduzione dei problemi di digestione, muscoli più rilassati, migliore concentrazione e sonno migliore (Friedman, 2019).

Poiché la rabbia è un'emozione così potente, è essenziale affrontarla in modo sicuro e sano. Impegnarsi in metodi catartici, in cui si è incoraggiati a sfogarsi con urla o sblocco fisico, è un modo, ma potrebbe non essere salutare. Tuttavia, utilizzando l'esperienza somatica e altre pratiche simili nel tempo, in cui si impara ad ascoltare il proprio corpo, si può iniziare a comprendere la propria rabbia. Potete sfogarla a poco a poco in modo controllato e sano e in uno spazio sicuro. Sfogarsi in una volta sola e in modo incontrollato potrebbe non avere un effetto sicuro su di voi, soprattutto se soffrite di PTSD o di altri sintomi da trauma. Può essere piuttosto dannoso per voi e la rabbia verrà sbloccata solo temporaneamente e non avrà l'effetto duraturo di cui avete bisogno.

Vediamo un esercizio somatico di sblocco della rabbia per capire quanto sia facile da fare; ancora una volta, è sicuro da fare a casa propria e si può andare in una stanza da soli e praticare quando l'emozione diventa evidente.

Per prima cosa, come sempre nelle pratiche somatiche, imparate a conoscere il vostro corpo. Prendetevi un po' di tempo per sentire dove si trova la rabbia nel vostro corpo. Inspirate ed espirate profondamente e sentite dove si trova la rabbia. Ora, ovunque sentiate la rabbia, scuotete il corpo. Se volete, potete usare le mani per esercitare una leggera pressione. Scuotete il corpo e immaginate di scuotere la rabbia in modo da farla sparire e di essere liberi e pronti ad andare avanti. Si tratta di un esercizio molto semplice e diretto da gestire quando ci si sente arrabbiati o frustrati.

Un'altra opzione è quella di trovare qualcosa che potete stringere molto forte: un asciugamano, dei vestiti, o potete anche stringere l'avambraccio di un partner o di un amico. Ma fate attenzione: Si tratta dell'avambraccio e non dell'articolazione del polso o del gomito. Assicuratevi che si tratti di qualcosa che vi permetta di sfogare la rabbia, in modo da poter continuare la vostra giornata.

La combinazione di questi esercizi con l'esperienza somatica generale vi permetterà di conoscere il vostro corpo, di capire dove e perché vive la rabbia e di sbloccarla e lasciarla andare lentamente ma inesorabilmente, in modo da poter riprendere e continuare la vostra vita in modo sano e sicuro.

9

SCOPRIRE NUOVE STRADE PER IL RECUPERO (ULTERIORI TECNICHE PER GUARIRE DAL TRAUMA)

Anche se non fanno parte dell'esperienza somatica, esistono molte altre tecniche di natura somatica, che voi stessi potete incorporare nelle vostre routine di guarigione e terapia. Tutte aiutano la plasticità del cervello e stimolano la sua capacità di adattarsi e cambiare in meglio.

QIGONG E PRATICHE DI SCUOTIMENTO

La traduzione di "Qigong" è "lavoro energetico". Questo perché, nella sua essenza, ciò che si fa quando si pratica il Qigong è cercare di incanalare l'energia attraverso i palmi delle mani. Di solito lo si fa stando in piedi. Di solito si combina anche con un certo lavoro di respirazione. La chiave di tutto è la coordinazione degli occhi con i movimenti che si fanno, combinati con la respirazione e la concentrazione della mente. Una revisione dei numerosi studi sul Qigong e sul Tai Chi (un'altra pratica) ha concluso che hanno molti benefici per la salute e la psicologia (Jahnke et al., 2010). Se si ripensa a ciò che Peter Levine ha detto a proposito degli animali che si scrollano di dosso i loro traumi, è logico che impegnarsi in pratiche energetiche, compreso lo scuotimento, può essere positivo per la nostra salute fisica e mentale.

L'aspetto positivo del Qigong, come di molte altre pratiche somatiche, è che si può praticare ovunque; basta trovare un luogo tranquillo e silenzioso per praticarlo facilmente.

Per darvi un'idea, ecco una pratica di scuotimento facile da seguire:

- • Iniziate in piedi con una buona postura eretta. Chiudete gli occhi e sentite il vostro respiro; sentite voi stessi e il vostro corpo nel momento presente. Poi, quando vi sentite pronti a farlo, aprite gli occhi, ma fate attenzione a non perdere la sensazione di essere nel presente; risvegliate l'energia all'interno del vostro corpo. Iniziate a scuotere il braccio destro, ma assicuratevi di mantenerlo in uno stato di rilassamento: Non tendetelo quando lo scuotete. Poi, scuotete la gamba destra. Per farlo, dovrete sollevare leggermente la gamba dal suolo. Quando sentite che siete pronti a proseguire, mettete giù la gamba destra e scuotete il braccio sinistro. Poi, quando vi sembra giusto farlo, passate alla gamba sinistra.
- • Quando sentite che è possibile scendere, abbassate la gamba sinistra e scuotete tutto il corpo: braccia, gambe, corpo, testa, tutto. Anche in questo caso, fate attenzione a mantenere il corpo sciolto e rilassato, senza tendere tutto. Se

volete, potete chiudere gli occhi. A differenza di quando si scuoteva la gamba, i piedi devono rimanere appoggiati al pavimento. Tuttavia, potete sollevare i talloni verso l'alto e verso il basso, ma non sollevate la gamba dal pavimento. Provate a scuotervi ancora più forte, abbandonatevi all'atto di scuotervi e vedete se riuscite davvero a sbloccare l'energia che avete dentro. Potete sollevare le braccia se è questo che la vostra energia vi suggerisce di fare. La bocca dovrebbe essere completamente rilassata, quindi se questo vi porta a fare dei rumori, va bene. State facendo uscire l'energia, quindi fare un po' di rumore va bene se è quello che vi viene in mente di fare. Molto lentamente, iniziate a scuotervi un po' meno forte, fino a tornare a una posizione statica in piedi.

YOGA SOMATICO

Lo yoga somatico è, come indica il nome, una miscela di yoga con i principi mente-corpo della somatica. Utilizza la consapevolezza somatica del corpo per aiutare a ricablare il cervello e a far allenare i muscoli per sbloccare la tensione e lo stress accumulati a causa di un trauma. Non vi limitate a seguire quello che vi dice l'insegnante di yoga e a copiare il movimento. Si fa proprio quel movimento e si pensa a come si sente il corpo e a ciò che il corpo ci sta dicendo.

Un aspetto della pratica dello yoga somatico è garantire un elemento di radicamento. Come ricorderete dai capitoli precedenti, il radicamento ci dà quella sensazione di sicurezza e di calma che è molto importante per ascoltare il nostro corpo. Per molte delle pratiche precedenti, il radicamento significava sedersi con i piedi ben piantati a terra. Per lo yoga, la situazione è leggermente diversa, come potete immaginare. Il radicamento in questo contesto consiste nel sedersi a terra, a gambe incrociate, con le braccia distese appoggiate sulle gambe. Poi si sollevano le mani in aria, si fa il segno della pace con entrambe le mani e poi si appoggiano le mani (ancora in modalità segno della pace) sul pavimento, lasciando che le spalle si rilassino. Potreste sentire il bisogno di chiudere gli occhi. In questa situazione, il pavimento è la terra, quindi questo radicamento è la nostra connessione con la terra. Come in tutti i radicamenti, è qui che si inizia a sentire il proprio corpo nel presente e nel qui e ora. A questo punto si può fare un respiro profondo e lasciarlo uscire; poi si è pronti per iniziare il resto della pratica yoga.

Le varie posizioni che si possono eseguire nello yoga hanno ragioni e benefici specifici. Ve ne illustrerò solo alcune, in modo che possiate conoscerne i benefici:

- **Posizione del bambino:** Questa posizione ha lo scopo di calmare e può essere conosciuta per ridurre lo stress e aumentare l'energia. Per eseguirla, è necessario mettersi in posizione inginocchiata. Le dita dei piedi devono toccarsi e le ginocchia devono essere distanziate. Inspirate profondamente e cercate di allungare la colonna vertebrale. Espirate e piegatevi in avanti, spostando la testa verso il pavimento. Se volete, potete usare le mani per appoggiare la testa. Aprite la parte posteriore delle spalle e permettete allo stomaco e al petto di espandersi. Si consiglia di distanziare maggiormente le ginocchia. Rilassate le braccia e mettetele vicino ai piedi, con i palmi rivolti verso l'alto. Respirate e rilassatevi. Dovreste sentire che la posizione diventa più pronunciata durante la respirazione. Poiché si tratta di una posizione di rilassamento, prendetevi qualche minuto per rimanere in quella posizione e rilassarvi. Quando siete pronti a uscire dalla posizione, portate le mani alle ginocchia, inspirate e muovete le mani per spingere sul pavimento e sollevarvi. Sollevate lentamente il petto e le spalle in modo da tornare in posizione inginocchiata, seduti in posizione eretta.

- **Posizione del gatto e della mucca in piedi:** Si tratta in realtà di due pose diverse che sono state combinate per ottenere una posa ancora più efficace. Può aiutare la flessibilità della colonna vertebrale e, quindi, la postura. Ma soprattutto, per i nostri scopi, aiuta a calmare la persona e a ridurre lo stress. Per eseguirla, è necessario iniziare a mettersi in ginocchio, con la testa al centro del corpo e lo sguardo rivolto verso il basso. Per prima cosa, eseguite la Cow Pose, quindi inspirate e muovete lo stomaco verso il pavimento, sollevando il mento e il petto e distogliendo lo sguardo verso l'alto. Cercate di spostare le spalle verso l'esterno e lontano dalle orecchie. Poi, passate alla Cat Pose. Espirate e spostate lo stomaco verso la colonna vertebrale. Immaginate un gatto che si alza dal suo pisolino e allunga la schiena. Questo è l'aspetto che dovete assumere. Spostate la testa verso il pavimento, ma fate attenzione a non mettere il mento contro il petto. Inspirate e tornate alla posizione della mucca, quindi espirate e tornate alla posizione del gatto. Si può ripetere almeno cinque volte. Quando dovete uscire dalla posizione, sollevatevi e sedetevi sui talloni con il corpo in posizione eretta.

- **Posizione di flessione in avanti:** Questa posizione si può iniziare stando in piedi. In pratica, ci si piega (in avanti) e si cerca di appoggiare le mani sul pavimento. Non preoccupatevi se non ci riuscite; non forzatelo e non rischiate di farvi male. Piegatevi il più possibile.

- **Posizione di rilassamento**: Sono sicuro che potete indovinare i benefici di questa posizione! Sdraiatevi a terra supini con le mani lungo i fianchi, leggermente distese, i palmi rivolti verso l'alto e le gambe leggermente divaricate. Sentite il vostro corpo e il contatto con il suolo. Inspirate profondamente. È così semplice.

Ecco un esercizio di yoga da provare. Iniziate con l'esercizio di radicamento che vi ho proposto prima. Poi, una volta terminato, portate le mani davanti al petto, quasi come se steste dicendo una preghiera. Inspirate e poi sollevate le braccia più in alto che potete. Quando espirate, abbassate le spalle, quasi come se steste alzando le spalle. Ripetete: braccia in alto/ inspirazione e spalle in basso/espirazione per quattro o cinque volte. Poi, quando vi alzate questa volta, unite i palmi delle mani e guardate in alto, se potete. Poi, espirando, lasciate che le mani scendano nella posizione di "preghiera" e rimettetele nella posizione di radicamento.

TECNICHE BASATE SUL MOVIMENTO

Oltre alle pratiche di scuotimento e allo yoga, esistono altre tecniche che coinvolgono il movimento somatico, cioè non ci si preoccupa tanto di come si appare mentre si esegue il movimento, ma ci si concentra su ciò che si prova. I movimenti somatici sono di solito lenti, per dare al nostro corpo e al nostro cervello la possibilità di impararli, e vengono eseguiti concentrandosi completamente sui sentimenti e sulle sensazioni del nostro corpo. Di solito hanno uno scopo, che sia un beneficio fisico o mentale o entrambi.

Queste tecniche includono il rilassamento condizionato, in cui si tende e si sblocca ogni muscolo del corpo. Queste tecniche dovrebbero farvi sentire molto rilassati e sono facili da fare ogni volta che lo desiderate in qualsiasi punto della vostra casa. Ecco un esercizio di tensione e sblocco semplice e veloce da praticare. Fate attenzione a non danneggiare i muscoli. Se avvertite un dolore acuto, fermatevi.

Concentratevi su un gruppo di muscoli, ad esempio il polpaccio. Inspirate profondamente e tendete quel muscolo fino al punto in cui sentite una certa pressione su di esso; mantenetelo per circa cinque secondi. Poi si sblocca, espirando allo stesso tempo. Può essere una buona idea visualizzare il muscolo che lascia uscire la tensione come se l'aria uscisse da un pneumatico scoppiato o qualcosa di simile, qualunque cosa vada bene per voi. Notate la differenza tra le sensazioni che provate voi e il vostro corpo quando siete rilassati e quelle che provate quando siete tesi. Dovete rimanere rilassati per circa 10 secondi e poi passare al muscolo successivo. Una volta completati tutti i gruppi muscolari, rilassatevi, assorbite e godetevi la sensazione di rilassamento. Complessivamente, l'esercizio dovrebbe durare dai 10 ai 15 minuti. I gruppi muscolari principali sono il piede (arricciare le dita dei piedi), i polpacci, le cosce, le mani, i bicipiti, il sedere, lo stomaco, il petto, le spalle, la mascella, gli occhi e la fronte (alzare le sopracciglia).

Si può fare anche come esercizio di rilassamento muscolare, mantenendo la tensione per circa 15 secondi e poi lasciandola andare e rilassandosi. Per questo esercizio è sufficiente respirare normalmente, non importa quando si inspira e si espira.

SCUOTIMENTO PER ELIMINARE IL TRAUMA

Gli esercizi di scuotimento per eliminare il trauma sono progettati per sbloccare la tensione e il trauma dai muscoli nel profondo del corpo. Si tratta di un modo sicuro di scuotersi che sblocca la tensione dai muscoli e calma il sistema nervoso e l'individuo. Non è necessario molto tempo, al massimo 20 minuti, e chiunque può farlo. Non richiede una particolare forma fisica. Ciò si ricollega alla teoria secondo cui il modo in cui gli animali affrontano i traumi è quello di "scuotersi", per così dire. Quando si utilizza questo modo sicuro di scuotersi, si indica al corpo di tornare al suo normale stato di equilibrio. Questo tipo di esercizi dovrebbe lasciare una sensazione di pace e tranquillità.

Per esempio: sdraiatevi sulla schiena e unite le piante dei piedi con le ginocchia piegate in fuori. Quindi, sollevate il bacino di circa un centimetro dal pavimento e tirate gradualmente le ginocchia verso l'interno di circa un centimetro ogni 30 secondi. Dopo qualche tempo, dovreste raggiungere un punto in cui iniziate a tremare. Se impiegate molto tempo per scuotervi naturalmente, è perché i vostri muscoli sono molto forti. Potrebbe essere necessario mantenere la posizione più a lungo. Quando si è pronti, si possono appoggiare le piante dei piedi e il bacino a terra e rilassarsi per lasciare che il trauma si sblocchi attraverso lo scuotimento. Se si ha bisogno di smettere di tremare, si possono allungare le gambe. Una volta terminato, sdraiatevi sulla schiena e lasciatevi calmare e tranquillizzare. È una sensazione piuttosto strana ritrovarsi improvvisamente con le gambe e il corpo che tremano, ma è ciò che il corpo è progettato per fare quando i muscoli sono affaticati, quindi è tutto perfettamente naturale. È molto terapeutico, in quanto si scrollano di dosso alcuni traumi.

ARTE TERAPIA SOMATICA

Non preoccupatevi. Non è necessario essere Van Gogh o Picasso per partecipare all'arteterapia, anche se loro potrebbero averne tratto beneficio. Le vostre abilità artistiche non contano, ma è la natura terapeutica dell'arte che conta. Non si tratta solo di pittura; arte significa anche musica, danza, scultura, disegno, scrittura e altre forme d'arte. Il punto principale è che impariamo a conoscere noi stessi, la nostra mente e il nostro corpo. Non si tratta dell'aspetto o del suono del prodotto artistico finito. Sappiamo che quando siamo creativi spesso esprimiamo i nostri pensieri e sentimenti più intimi. Basti pensare a tutti i cantautori che affrontano una tragedia personale scrivendone una canzone. Guardate come usiamo l'arte di qualcun altro per esprimere noi stessi. So che c'era una canzone in particolare che suonavo per aiutarmi a elaborare il lutto della morte di mia madre. Suonarla mi aiutava ad abbattermi, a piangere e a superare il processo di lutto. Senza di essa, avevo il labbro superiore rigido e mi tenevo tutto dentro, cosa che, come sappiamo, raramente è salutare.

Si dice che, poiché l'arte impegna le nostre capacità mentali e fisiche, ci fa "dimenticare" qualsiasi dolore fisico. Non è semplicemente qualcosa che ci distrae dal dolore, ma è qualcosa che ci rilassa e, come alcune tecniche di movimento, può riportare il corpo al suo stato normale. In sostanza, chi soffre di forti dolori cronici può trarre grandi benefici dal coinvolgimento nell'arteterapia. Un grande studio ha dimostrato che 200 persone ricoverate in ospedale per un intervento chirurgico o per un problema medico hanno praticato l'arteterapia per 50 minuti. In media, hanno mostrato un miglioramento dell'umore e una riduzione del dolore e dell'ansia (Shella, 2017).

Sappiamo che la nostra anima, il nostro spirito o la nostra psiche giocano un ruolo fondamentale nella nostra guarigione fisica. Ecco perché si dice "la mente sulla materia" e cose simili. Non è il cervello vero e proprio a dire al corpo di stare bene, ma la parte di noi che produce sentimenti e pensieri. L'arte è il massimo per esprimere e coinvolgere questa parte subconscia di noi stessi, quindi non c'è da stupirsi che possa aiutare chi ha un dolore costante, sia esso fisico, psicologico o legato a un trauma. In questo modo, l'arteterapia può essere utilizzata accanto e in combinazione con la medicina tradizionale per aiutare le persone con qualsiasi problema di salute fisica e mentale.

Un rapido esercizio di arteterapia che potete fare è il seguente. Purtroppo, per l'arteterapia non basta avere a disposizione solo se stessi. Per questo, sono necessari pastelli, matite colorate o penne. Se avete dei colori, potete dipingere. Vi serviranno anche dei fogli di carta. Qualsiasi carta va bene, non è necessario che sia una carta speciale. Prima di iniziare l'arte, prendetevi un po' di tempo per chiudere gli occhi e fare alcuni respiri profondi ed espirare con un respiro più lungo. Lasciatevi coinvolgere dal momento e siate consapevoli del vostro corpo e di ciò che sente e percepisce. Quando vi sentite pronti, prendete la penna o la matita e disegnate un grande cerchio sul foglio. Ora, all'interno del cerchio, disegnate come vi sentite in questo momento. So che è una cosa difficile da interpretare, ma seguite le forme e i colori verso cui siete portati per rappresentare le vostre emozioni. Il cerchio rappresenta uno spazio sicuro e quindi siete liberi di esprimervi al suo interno. Per capire cosa significa il vostro disegno, potete fare un esercizio di scrittura in cui ponete delle domande al disegno e il disegno, come se fosse una persona, può rispondere. Iniziate con domande di carattere generale e poi passate a domande specifiche su quali sono i bisogni del disegno e su come il disegno intende soddisfarli. Non sentitevi obbligati a seguire un copione; lasciate che la conversazione vada dove volete voi. Lasciate che qualsiasi cosa emerga da quel dialogo si immerga in voi. Non cercate di forzare alcuna conclusione o di analizzare ciò che avete disegnato e discusso. Lasciate che entri in voi e, stando in contatto con il vostro corpo e la vostra mente, ciò che deve accadere o essere affrontato si manifesterà in modo naturale.

10

QUESTE PERSONALITÀ VI
SEMBRANO FAMILIARI?

N el corso della nostra vita entreremo in contatto
con una serie di persone diverse, tutte con identità e personalità uniche. Tuttavia, ci sono alcune
personalità che, se le incontriamo, sono in grado di causare
danni psicologici e traumi. Se impariamo a gestire queste
personalità e a guarire noi stessi quando entriamo in contatto
con loro - e questo ha un impatto - allora possiamo far schiz-
zare in alto la nostra capacità di auto-amore e auto-compassione. Quando entriamo in contatto con questo tipo di
personalità, esse ci danneggiano. Non è colpa nostra: è l'altra
persona ad avere un problema, non noi. Purtroppo, non risolvono mai il loro problema, per cui spesso ci ritroviamo con il
peso della loro inconsapevolezza mentre cerchiamo di ripren-
derci dal trauma che hanno causato. Non più. Dopo questo
capitolo, sarete pronti a perdonare voi stessi e a superare gli
incontri passati con questi tipi di personalità e sarete più
preparati per quando li incontrerete in futuro.

DISTURBO NARCISISTICO DI PERSONALITÀ

Si tratta di un argomento di grande attualità, perché alcuni commentatori lasciano intendere che alcune celebrità corrispondono a questo tipo di personalità. Si tratta solo di voci; nessuno di noi conosce realmente le persone in questione, quindi è un po' troppo puntare il dito. Tuttavia, c'è chi sostiene che le notizie di certe celebrità che aggrediscono il personale, che sono violente nei loro confronti, che allontanano i membri della famiglia dagli amici e che hanno bisogno di rilasciare interviste in merito, fanno pensare a un classico narcisista. Essendo al di fuori, non possiamo sapere cosa sia vero e cosa no, ma si tratta di una premessa interessante.

Chi soffre veramente di un disturbo narcisistico di personalità di solito mostra un senso gonfiato della propria importanza, un costante bisogno di attenzione e rispetto, ha problemi a mostrare qualsiasi tipo di empatia per gli altri e, il più delle volte, ha relazioni molto difficili. Può causare gravi problemi in tutti gli ambiti della vita di una persona, come il lavoro, le relazioni e la gestione finanziaria. Se una persona con questo disturbo non riceve le attenzioni di cui ha bisogno, sarà incline a diventare molto infelice e frustrata. Gli altri, molto probabilmente, non apprezzeranno la sua compagnia e se ne terranno alla larga.

Altri segni di questo disturbo sono il desiderio di essere riconosciuti come migliori degli altri, anche se non hanno ottenuto nulla che indichi che lo sono. Gonfiano i loro risultati e si concentrano su illusioni di grandezza su quanto siano potenti, ricchi e belli. Possono anche esagerare nel trovare il partner perfetto. A causa del loro senso di superiorità, credono di poter socializzare solo con persone di pari o maggiore importanza e guardano dall'alto in basso chiunque altro. Cercheranno di dominare le conversazioni e spesso taglieranno fuori o faranno commenti sarcastici verso coloro che non considerano dello stesso livello. Poiché si ritengono superiori agli altri, si aspettano che chiunque sia inferiore li tratti come tali e che qualsiasi persona sia sempre disposta a rispondere a qualsiasi richiesta. Possono mostrare segni di gelosia nei confronti di altre persone e credere che ci siano persone gelose di loro. Vogliono sempre il meglio di tutto: il miglior televisore, la migliore auto, il miglior telefono, la migliore casa e così via. Da qui le difficoltà finanziarie in cui talvolta si trovano.

A causa di tutto ciò, i narcisisti non reagiscono bene a qualsiasi critica o indicazione su come migliorare il proprio comportamento. Possono diventare molto arrabbiati e frustrati se non ricevono il tipo di comportamento accondiscendente che si aspettano dagli altri. Spesso si arrabbiano e cercano di mettere in difficoltà una persona che considerano inferiore, per sentirsi meglio con se stessi. Nelle relazioni, questo tipo di comportamento può sfociare in un abuso, spesso psicologico e talvolta anche fisico se la persona non riesce a controllare la propria rabbia. Non sapreste mai a che punto siete con quella persona; una relazione che sarebbe l'opposto della sicurezza e della protezione che state cercando. Si può finire in un costante stato di angoscia, chiedendosi cosa succederà dopo e come il partner si comporterà o risponderà a qualsiasi cosa. Se riconoscete questi schemi di comportamento nelle vostre relazioni e credete di aver subito un abuso come risultato, comprendete che non c'è nulla di voi che non piaccia o che non sia di vostro gradimento: Si sarebbe comportato così con tutti. Potreste finire per pensare che ci sia qualcosa di sbagliato in voi. No, non c'era nulla di sbagliato in voi; erano loro ad avere la sindrome. Non sentitevi in dovere di cercare di cambiare il loro comportamento. Non avreste potuto fare nulla. Devono assumersi le loro responsabilità.

L'abuso narcisistico può verificarsi non solo nelle relazioni sentimentali, ma anche con i membri della famiglia o con i colleghi o i dirigenti al lavoro. Anche in queste situazioni, avere a che fare con questo tipo di disturbo può causare grandi traumi. Avere un manager o un collega che vi considera inferiori e si aspetta che soddisfiate ogni sua richiesta può essere a dir poco estenuante e demoralizzante. È probabile che si scateni contro di voi se non soddisfate le loro richieste. Quando si tratta di un membro della famiglia che amate e che non accetta alcuna critica e non ha alcuna empatia per voi e per i vostri sentimenti, può essere devastante. Ovviamente ci sono molte possibilità di danni psicologici che potrebbero richiedere anni per essere recuperati, soprattutto se ciò avviene quando si è bambini piccoli.

La terapia somatica può essere d'aiuto in caso di abuso narcisistico. È quasi inevitabile che, con questo tipo di trauma, esso rimanga bloccato dentro di voi e non è qualcosa di cui parlerete facilmente. Per questo motivo, anche se la terapia verbale può essere utile, è improbabile che riesca ad arrivare al vero nocciolo del vostro trauma, mentre la terapia somatica è in grado di farlo. Vi aiuterà a sbloccare il trauma che è bloccato nel profondo del vostro corpo. In questo modo, potrete iniziare a guarire. Anche il lavoro sui confini di cui abbiamo parlato nel capitolo precedente può essere di grande aiuto nel caso in cui vi troviate di nuovo in questo tipo di scenario, così come, naturalmente, tutto il lavoro sull'amore di sé, sull'autocompassione e sul perdono di sé. Non è stata colpa vostra, ed è estremamente importante che ve ne rendiate conto e che cominciate a volervi di nuovo bene.

Un altro ottimo metodo per aiutarvi a guarire da un abuso è quello di prendere parte al tapping EFT. Picchiettare i campi energetici vitali e pronunciare affermazioni positive su ciò che avete passato e su come ne guarirete può fare miracoli per il corpo e per l'anima. Ecco un breve esercizio da seguire:

Inspirate un respiro profondo e chiudete gli occhi. Rendete il vostro corpo consapevole dei momenti del vostro passato in cui vi siete imbattuti in un comportamento narcisistico. Forse si tratta di una situazione che si sta verificando nel presente. Prendete nota dei punti del corpo in cui sentite il trauma. Fate un respiro profondo e aprite gli occhi.

- **1:** Iniziate a battere il lato della mano. Dite: "Nonostante il dolore e la sofferenza che mi ha causato un narcisista, mi amo ancora e mi accetto pienamente. Una persona del mio passato o del mio presente mi ha danneggiato con il suo narcisismo e non è facile riprendersi da questa esperienza. Trovo difficile andare avanti e sentirmi veramente libero dal dolore. Nonostante il dolore e la sofferenza che un narcisista mi ha causato, continuo ad amare, rispettare e accettare me stessa con tutto il cuore. Spero che il narcisista trovi la propria pace e riesca a guarire e a liberarsi dal suo comportamento dannoso".

- **2:** Picchiettate la fronte sopra il sopracciglio interno, la tempia, lo zigomo, il labbro superiore, il mento, la zona del cuore, sotto l'ascella a lato delle

costole e sulla sommità del capo. Continuate a
ripetere questo ciclo pronunciando quanto segue:

La ferita, il dolore e il danno che mi ha inflitto
il narcisismo. Per tutti i giorni ho avuto
paura perché non sapevo cosa fare o come
comportarmi. Guarirò da tutto questo.
Forse in passato ho avuto paura di lasciarmi
guarire. Era più facile non dover affrontare
il dolore che provavo e credere che ci fosse
qualcosa di sbagliato in me piuttosto che in
loro. Se mi guarisco e mi amo di nuovo, si
apre la possibilità di essere feriti di nuovo in
futuro, quindi è più facile non fare nulla.
Amo e accetto questi pensieri e sentimenti.
Anche se ora lo so meglio, erano pensieri e
sentimenti naturali. Ora sono pronta a
guarire da quell'esperienza.
Merito di avere calma e serenità nella mia vita.
Merito di amare e di essere amato. Il
comportamento che mi è stato mostrato
non riguardava me, anche se in quel
momento mi sembrava una realtà. Per
questo è stato così difficile lasciar andare il
dolore e la sofferenza, ma ora so che il loro
comportamento non era personale: erano
solo i sintomi della loro malattia e non
avevano nulla a che fare con me. Sono
pronto a guarire. Sono al sicuro e protetto.
Mi sto prendendo cura di me stesso. Ho
imparato a stabilire e rispettare dei limiti.

Mi hanno sminuito e fatto sentire inferiore, ma io rifiuto questa idea. Non sono migliori di me.

La mia vita non sarà dettata da questa esperienza. Tutto ciò che la persona ha detto è solo la sua malattia che parla. Non è la realtà. Io conosco la verità. Sono una persona straordinaria che merita amore e rispetto. Sono pronto a guarire. Guarirò. Se qualcuno amasse e rispettasse davvero se stesso, sarebbe in grado di amare e rispettare me. Le persone che sono crudeli con gli altri di solito non amano e non rispettano se stesse. Lo riconosco e me ne faccio una ragione. Sto guarendo da tutto ciò che hanno detto e fatto. Mi amo come quella persona non ha mai fatto e le altre persone mi ameranno. Mi amo e mi rispetto pienamente.

- **3:** Inspirare un respiro profondo e chiudere gli occhi. Espirate e aprite gli occhi. Probabilmente i punti del vostro corpo in cui sentivate il trauma hanno ora provato un po' di sollievo e avete lasciato andare un po' di tensione e di trauma. Ripetete se necessario.

Ricordate che è giusto e perfettamente naturale essere arrabbiati per questo tipo di abusi. Siete stati maltrattati da partner, familiari, amici o colleghi di lavoro. Non è stato per colpa vostra: È stato perché erano malati. Tuttavia, il fatto che fossero malati non giustifica ciò che vi hanno fatto e ciò che vi hanno fatto passare. Non dovete giustificare il loro comportamento a nome loro. Quello che hanno fatto è stato sbagliato, chiaro e semplice. Se siete arrabbiati per questo, è un vostro diritto e va bene così. Non cercate di reprimere le vostre emozioni o di tenerle imbottigliate dentro di voi, perché non è salutare. È giusto essere davvero arrabbiati con la persona e con ciò che le ha fatto.

DISTURBO DI PERSONALITÀ BORDERLINE

Il disturbo borderline di personalità si manifesta in una persona con un'ampia gamma di stati d'animo e comportamenti. Questo spesso si traduce in decisioni e azioni molto impulsive. Le persone affette da BPD possono avere periodi di forte rabbia, depressione o ansia che possono durare diversi giorni.

I sintomi di questo disturbo possono anche includere sbalzi d'umore estremi e difficoltà di identificazione con se stessi e con il proprio posto nel mondo. Ciò significa che le loro preferenze e antipatie possono cambiare in un istante. Tendono a vedere tutto come una delle due cose: buona o cattiva. Questo può rendere difficile la vita di coloro che li circondano, perché un giorno possono pensare che qualcuno sia il loro migliore amico e il giorno dopo possono ritenerlo il loro peggior nemico. È chiaro che questo può portare a relazioni malsane e instabili con partner, amici, familiari e colleghi di lavoro.

Le persone affette da questa malattia possono avere problemi di abbandono (che siano reali o meno) e cercare di portare avanti le relazioni troppo velocemente o tagliarle completamente, quindi non sono le prime a essere abbandonate. Come accennato nel primo paragrafo, il comportamento impulsivo può essere una conseguenza del disturbo borderline di personalità. Per questo motivo, chi ne soffre può andare a fare shopping costoso, guidare troppo velocemente e senza la dovuta attenzione, avere rapporti sessuali non protetti con molti partner, assumere droghe o alcol in modo eccessivo o addirittura mangiare troppo in un breve periodo di tempo. Non è raro che chi ne soffre si dedichi ad atti di autolesionismo o a pensieri di suicidio.

Può accadere che chi sviluppa il disturbo borderline di personalità abbia subito eventi traumatici durante l'infanzia, come abusi o abbandoni. Pertanto, così come la terapia somatica può guarire questi problemi, può anche aiutare a guarire una persona con disturbo borderline di personalità. Se riusciamo a guarire il trauma all'interno della persona, questo dovrebbe a sua volta iniziare a guarire la malattia mentale. Inoltre, è possibile includere la CBT, che aiuterà la persona a essere più consapevole dei propri schemi di pensiero e a cambiarli. Si può iniziare a vedere come la terapia somatica possa aiutare a guarire le persone con disturbo borderline di personalità.

PARTNER VIOLENTI NELLE RELAZIONI

Una relazione violenta può includere abusi fisici o sessuali, abusi emotivi o negligenza. È chiaro che chiunque si trovi a vivere una relazione di questo tipo con una persona non ne uscirà indenne. È più che probabile che provochi un trauma. È probabile che influisca sul comportamento futuro e può provocare inneschi tali da rendere paurose le cose ordinarie della vita. L'abusante può persino indurvi a dubitare dei vostri stessi pensieri e sentimenti. Potrebbe aver trovato un modo per tagliarvi fuori dalla famiglia e dagli amici, in modo che non abbiate più nessuno che vi dica che il comportamento del vostro partner è sbagliato e che dovete uscire dalla relazione. Una volta passato tutto questo, diventa davvero difficile fidarsi di qualcuno che vi sia di nuovo vicino.

Per aiutarvi a evitare di essere coinvolti in relazioni di questo tipo, ecco i tipi di personalità e di persone che dovete evitare. Non è mai facile, però, perché parte del kit di strumenti del maltrattatore consiste nell'essere in grado di affascinarvi nelle prime fasi di una relazione, per poi far emergere i suoi veri colori molto più tardi.

I tipi di personalità più inclini a infliggere abusi a una persona sono il narcisista, di cui abbiamo già parlato, il sociopatico e lo psicopatico. Alcuni tratti caratteriali di tutti e tre possono sovrapporsi.

I sociopatici tendono a non essere in grado di provare empatia per gli altri, possono indulgere in comportamenti impulsivi, cercano di controllare gli altri, di solito in modo aggressivo, possono essere affascinanti e carismatici, non imparano mai dai loro errori o accettano qualsiasi punizione per il loro comportamento, mentono senza pensarci due volte, cercano spesso di fare a botte, possono minacciare di fare del male a se stessi senza alcuna intenzione di portarlo a termine e possono avere problemi a mantenere un lavoro o possono indebitarsi.

Gli psicopatici non sono molto diversi. Come per i sociopatici, la psicopatia non è una vera e propria diagnosi psichiatrica. Chi presenta questi tratti può essere diagnosticato come affetto da disturbo antisociale di personalità (ASPD).

L'aspetto antisociale non deriva dall'essere asociali - perché, come i sociopatici, sono capaci di grande fascino e carisma - ma dalla loro tendenza a non curarsi troppo delle regole della società (Lindberg, 2019). Oltre a non preoccuparsi troppo della società, non si preoccuperanno della sicurezza o del benessere degli altri. Non hanno una guida morale, sono bugiardi e possono mettere in atto comportamenti pericolosi e sconsiderati. È più che probabile che dimostrino una grande rabbia e che in generale siano piuttosto aggressivi.

La terapia somatica può essere un rimedio per chiunque stia vivendo o sia uscito da una relazione di abuso. Può davvero attenuare le cicatrici emotive. Può far uscire il trauma dal corpo in modo sicuro e protetto. Può aiutarvi a conoscere di nuovo voi stessi, a realizzare la verità della situazione - che non era colpa vostra - e aiutarvi ad amarvi di nuovo e a perdonarvi.

Facciamo un rapido esercizio per iniziare a guarire da una relazione violenta. Sedetevi comodamente e chiudete gli occhi. Siate consapevoli di ciò che prova il vostro corpo quando ricordate questa relazione abusiva. Prendete nota di ciò che provate. Esercitatevi a respirare profondamente e, mentre lo fate, dite quanto segue: "Accetto questa sensazione. Mi amo. Mi sto curando. Avevo paura, ma ora sono sicuro e protetto. Voglio guarire e so che posso farlo". Continuate a respirare e a pronunciare queste frasi e, col tempo, inizierete a sentire il vostro corpo guarire.

11

DOVE ANDARE DA QUI: COME SAPERE CHE SI STA GUARENDO

Una cosa è partecipare alla terapia somatica, ma come si fa a sapere che sta funzionando? Questo è l'argomento di questo capitolo: sapere quando si sta guarendo. Sarete in grado di individuare i segnali che vi indicano che la guarigione è in atto. Vi sarà chiaro come capire quali sono i risultati raggiunti finora e quelli su cui dovete ancora lavorare e migliorare. Inoltre, vi aiuterà a gestire le vostre aspettative in termini di tempo necessario per la completa guarigione e il recupero. La cosa principale da ricordare è che, anche se in questo momento avete difficoltà a guarire e ad amare voi stessi, non siete soli. Ho vissuto alcune delle esperienze descritte in questo libro, quindi voglio che sappiate che avete il mio sostegno, il mio amore e il mio rispetto. Tutto questo è racchiuso nelle parole di queste pagine, che spero siano una fonte di conforto costante per voi. È inoltre sempre saggio cercare un sostegno esterno da parte di altre persone che potrebbero aver vissuto quello che avete vissuto voi.

COME CAPIRE QUANDO SI STA GUARENDO

Una cosa da tenere presente è che la guarigione non è qualcosa che si verifica dopo soli due minuti di pratica respiratoria. È qualcosa che si deve adottare come una parte importante della propria vita per poterla ottenere. Non è come una gamba rotta: la si ingessa, la si lascia in pace e guarisce, tutto qui. No, bisogna continuare a praticare la terapia somatica e integrarla davvero nella propria vita perché sia un successo completo.

Come si fa a capire che la terapia sta funzionando? Innanzitutto attraverso il sistema nervoso, che con la terapia dovrebbe diventare molto più regolato e in armonia. La vostra risposta di lotta o di fuga dovrebbe essere più stabile e la vostra frequenza cardiaca dovrebbe essere normale. Dovreste dormire bene e la vostra digestione dovrebbe essere buona. Il sistema immunitario dovrebbe essere più forte. La pressione sanguigna dovrebbe essere normale. Naturalmente, non tutte queste cose cambieranno da un giorno all'altro. Se avete avuto problemi specifici in una di queste aree, con il tempo dovreste iniziare a vedere dei piccoli miglioramenti. Forse avete notato che dormite un po' meglio o che riuscite ad andare in bagno con maggiore regolarità. Non si tratta solo dell'aspetto fisico: forse noterete che siete riusciti a stabilire un limite che prima vi avrebbe spaventato molto. In ogni caso, con l'aumentare del lavoro si dovrebbero notare questi piccoli cambiamenti.

L'altro modo in cui potete notare una differenza è nella vostra capacità di far entrare più persone nella vostra vita. Quando il trauma è bloccato nel vostro corpo e sta avendo tutti questi effetti negativi sulla vostra vita, vi accorgete di non fare molto e di non voler avere troppe persone nella vostra vita, perché siete ansiosi o stressati da tante situazioni e persone. Può darsi che qualcosa vi abbia scatenato e che vi siate ritirati. Oppure succede qualcosa che vi fa arrabbiare e non riuscite a calmarvi. Quando state guarendo, iniziate a notare che potete affrontare più cose. Meno cose vi rendono ansiosi e vi stressano, così avete più tempo da dedicare alla vita vera e propria. Mentre prima vi arrabbiavate e non riuscivate a calmarvi, ora le cose accadono. E non hanno alcun effetto sulla vostra vita. Si va avanti.

Questi sono i due modi principali per monitorare e notare se la guarigione sta funzionando. Se state leggendo queste righe dopo aver condotto la terapia somatica per un po' di tempo e state notando alcuni di questi miglioramenti, ben fatto! State guarendo e potete continuare a farlo. Se invece siete solo all'inizio del percorso, ora potete sperare di notare questi miglioramenti nel tempo, in modo da poter vivere la vita al meglio ed essere la migliore versione di voi stessi che potete. Non vedo l'ora che anche voi possiate raggiungere questo obiettivo.

COSA CERCARE IN UN TERAPEUTA SOMATICO

Anche se ci siamo concentrati sugli esercizi che si possono fare a casa, per avere veramente accesso a tutto ciò che riguarda la terapia somatica, è probabile che vogliate trovare un terapeuta somatico. È bene verificare le qualifiche del terapeuta, la sua esperienza e se è abilitato: Se non lo sono, eliminateli dalla vostra lista.

Con un terapeuta, avete l' aggiunta che dovete sentirvi a vostro agio con lui. Dovete avere la sensazione che vi capisca e che sia d'accordo con i problemi che volete affrontare. Un modo per capire questo aspetto è porre la semplice domanda se può aiutarvi. Dalla loro risposta, dovreste capire se voi stessi vi troverete a vostro agio con lui. Potete sempre fare anche delle domande di approfondimento. Spero che questo libro vi abbia dato un po' di fiducia e di conoscenze per avere la sicurezza di fare queste domande. Probabilmente vorrete chiedere qual è il loro piano d'azione: qual è esattamente il trattamento che probabilmente vi consiglieranno? Questo vi aiuterà a capire se si tratta di una persona di cui vi potete fidare. Vi hanno capito e in base al vostro trauma sono in grado di applicare un piano di massima per voi? Allo stesso modo, sono abbastanza disponibili ad ammettere che le cose possono cambiare durante il percorso? Man mano che le cose emergono durante le sedute, potrebbero dover adattare il loro piano. È bene sapere se sono abbastanza umili da ammettere questa possibilità. Allo stesso modo, non fidatevi di chi vi dice che seguendo il suo programma guarirete sicuramente in un determinato periodo di tempo. Non sanno davvero come possono andare le cose. Forse hanno una buona idea, ma nessuno può saperlo con certezza finché non si inizia a lavorare. I terapeuti che fanno promesse precise probabilmente non sono affidabili. Sulla base di tutto ciò, probabilmente non vorrete trovare un terapeuta che vi faccia impegnare in un lungo periodo di terapia per un'enorme somma di denaro, dato che qualsiasi piano fatto per questo tipo di cose potrebbe cambiare. Voi volete che il terapeuta sia il più possibile flessibile e adattabile.

Non si tratta solo di sentirsi a proprio agio: Si tratta di capire se la persona vi piace davvero. Potreste immaginarla come una persona con cui vi piace stare in compagnia. In un certo senso, una via conduce all'altra, poiché è improbabile che vi sentiate a vostro agio in presenza di qualcuno che non vi piace. Tuttavia, non si tratta solo di sentirsi a proprio agio, soprattutto perché, avendo subito un trauma, potreste non sentirvi a vostro agio con voi stessi, figuriamoci con gli altri. Iniziate già a usare il senso somatico e vedete se il terapeuta vi piace o meno come persona.

Per quanto riguarda le qualifiche, come minimo vorreste un terapeuta che abbia seguito una formazione sull'esperienza somatica. L'ideale sarebbe che lui stesso fosse qualificato in un altro campo, leggermente diverso da quello dell'esperienza somatica, in modo che non si concentri solo su un unico modo di fare le cose. È sempre bello vedere qualcuno che progredisce. Non si é semplicemente formato su una cosa e poi si é fermato: Ha continuato a imparare e a crescere come terapeuta. Una delle qualifiche più importanti può essere quella di aver fatto il lavoro su se stessi e di aver usato la propria terapia somatica per guarire. Questo indica che ciò che hanno fatto ha funzionato e che dovrebbero avere una certa esperienza di ciò che avete passato. In definitiva, dovrebbe essere in grado di capire e provare empatia nei vostri confronti.

Ricordate che, se non avete firmato un contratto ambiguo che vi impedisce di andarvene, non siete obbligati a fare nulla. Se, dopo un po' di tempo, sentite che non funziona più per voi, nulla vi impedisce di terminare la terapia. Non sarete mai costretti a continuare a fare qualcosa che per voi non fa alcuna differenza. Potete sempre cercare terapeuti e terapie alternative.

TROVARE UN SENSO DOPO UN TRAUMA

Può essere difficile quando si subisce un trauma, anche se si sta guarendo o si è iniziato a farlo. Si sa che si vuole andare avanti, ma non si sa dove si vuole andare. Di seguito sono riportati alcuni consigli per aiutarvi a ritrovare voi stessi e a trovare un senso dopo un trauma.

Un consiglio è quello di cercare di condurre una vita soddisfacente. So che è più facile a dirsi che a farsi, ma dopo tutto quello che avete passato, probabilmente vi sentite come se ci fosse un grande buco nella vostra vita. Con che cosa volete riempirlo? Pensate a che cosa volete che vi renda impazienti di svegliarvi domani e di affrontare la giornata.

Se ci sono cose che vi impediscono di realizzare la vostra vita, allora è il momento di ammettere che esistono, non come una cosa negativa o come qualcosa per cui sentirsi in colpa, ma in modo pragmatico e accettabile. Tutto questo trauma mi ha portato a essere, diciamo, "distante" nelle relazioni. Ora accetto che sia così e questa è un'opportunità per me di cambiare lentamente. Può essere doloroso e difficile, ma se riusciamo ad accettare che ci siano cose che ci impediscono di progredire, invece di vederle come un aspetto negativo, possiamo vederle come una possibilità di provare a fare meglio questa volta e trasformarle in un'opportunità.

Una cosa importante da ricordare è che se siete riusciti a superare tutto questo e siete ancora qui, siete persone eccezionalmente resistenti. Questo significa che probabilmente potete superare qualsiasi cosa. Siete persone forti, anche se a volte non sembra, e questa è davvero una lezione importante che avete imparato. Attraverso la terapia somatica, non potrete che crescere ulteriormente come individuo. Anche se quello che avete passato è stato terribile e avreste preferito non averlo mai vissuto, alla lunga vi avrà reso più forti. Questo è un modo per dire anche che abbiamo bisogno di trovare un senso alla vita. Senza questo significato, di solito andiamo alla deriva senza sapere dove stiamo andando. È importante fare le cose e vedere le persone che danno un senso alla vostra vita. Se riuscite a farlo, potrete riempire il vuoto che il trauma vi ha lasciato.

IL RITUALE SOMATICO QUOTIDIANO PER UNA GUARIGIONE POTENZIATA

Nel corso dei capitoli, ho cercato di fornirvi alcuni esempi ed esercizi su cui lavorare e vedere l'impatto che hanno. Tuttavia, la cosa migliore è riunire molte di queste cose in un rituale quotidiano per ottenere un'esperienza di guarigione migliore. Ho incluso aspetti tratti da vari capitoli di questo libro. Complessivamente, il rituale dovrebbe durare circa 30 minuti, quindi dovreste essere in grado di inserirlo nella vostra giornata. Penso che questo rituale funzioni particolarmente bene al mattino, perché ha elementi di sblocco della tensione e di rilassamento, ma anche di preparazione ad affrontare la giornata.

Una volta che avrete preso confidenza con questo rituale, potrete facilmente scrivere il vostro rituale personale con le conoscenze e l'esperienza acquisite. Potete anche appenderlo alla parete o al frigorifero per avere un promemoria costante e l'ispirazione per completarlo ogni giorno.

1: Lavoro sul respiro (cinque minuti):

- Trovate un posto comodo dove sedervi. Non è necessario sedersi completamente dritti, ma la schiena deve essere sostenuta.
- Chiudete gli occhi.
- Fate tre respiri profondi: Inspirare dal naso ed espirare dalla bocca.
- Mettete una mano sulla pancia e una sul petto. Fate 10 respiri profondi. Dovreste riuscire a sentire l'aria che parte dalla pancia e sale verso il petto.
- Fate 10 respiri profondi: inspirate ed espirate dal naso.
- Fate 10 respiri profondi: inspirate dal naso ed espirate dalla bocca.
- Fare 10 respiri profondi: Inspirare ed espirare dalla bocca.
- Inspirate un ultimo respiro profondo. Trattenetelo per sette secondi. Espirate e rilassatevi.
- Rilassatevi per 30 secondi, respirando normalmente.
- Aprire gli occhi.

2: Esercizio di mindfulness (cinque minuti):

- Assicuratevi di essere in una posizione comoda.
- Chiudete gli occhi.
- Prendete coscienza del vostro corpo e verificate se ci sono zone specifiche che sentite rilassate. Concentratevi su una parte del corpo che sentite bene e rilassata. Concentratevi su quel punto e su quella sensazione.

- Pensate a una parola che descriva al meglio questa sensazione.
- Prendete nota di eventuali cambiamenti nel respiro quando vi concentrate sui punti del corpo rilassati e felici.
- Per concludere l'esercizio, iniziate a prendere lentamente nota dei suoni e degli odori che vi circondano.
- Quando siete pronti, aprite gli occhi

3: EFT Tapping (cinque minuti):

- Il ciclo comprende il picchiettio sul lato della mano per un minuto, seguito da un ciclo continuo sulla sommità del capo, sulla fronte interna sopra il sopracciglio destro, sulla tempia, sullo zigomo, sul labbro superiore, sul mento, sulla zona del cuore e sotto l'ascella sul lato delle costole.
- Dite quanto segue mentre picchiettate: "Amo e accetto me stesso con tutto il cuore. Sono pronto a guarire. In passato ho avuto difficoltà ad accettare la verità, ovvero che non avevo fatto nulla di male e che sono una brava persona. Ora so che è vero. Non posso dimenticare il mio passato, ma posso superarlo. Mi accetto per quello che sono. Sono un essere umano bello e affettuoso e merito di essere amato. Mi rispetto e mi accetto. Sono pronta a guarire e guarirò".
- Prendetevi il tempo necessario per eseguire il tapping. Non dovete correre da una fase all'altra. Prendete il tempo necessario per pronunciare le

affermazioni. Potete scegliere di non dirle se non vi sembrano pertinenti o di aggiungere qualcosa che ritenete più appropriato.

4: Qigong (cinque minuti):

- Assumete una posizione eretta. Assicuratevi di essere ben rilassati e di stare in piedi con i piedi leggermente divaricati.
- Inspirate e allungate le mani verso l'alto.
- Espirate e portate le mani verso il centro del corpo. Tenete le mani rivolte l'una verso l'altra con i palmi verso il basso, come se steste spingendo qualcosa verso il basso con l'aria sotto le mani.
- Sfregate le mani come se steste cercando di accendere un fuoco con esse, finché non iniziano a scaldarsi.
- Una volta calde, chiudete gli occhi e appoggiate il palmo delle mani sulle palpebre. Mantenetele per circa 30 secondi.
- Allontanate le mani dalle palpebre e strofinatele su tutto il viso. Strofinate il viso da 10 a 30 volte.
- Ora passate le dita tra i capelli. Questo dipende dalla quantità di capelli che avete. Può trattarsi solo di una breve passata, oppure potete passare le dita tra i capelli per un bel po' di tempo. Fatelo da 10 a 30 volte, a seconda del tempo che avete a disposizione.
- Strofinate le orecchie. In pratica state facendo un massaggio alle orecchie, quindi potete strofinarle o tirarle, qualunque cosa vi faccia stare bene.

- Appoggiare delicatamente le mani sul collo e premere sui muscoli. La delicatezza è fondamentale: non si deve rischiare di farsi male.
- Individuate la parte della colonna vertebrale che sporge appena sotto le spalle. Picchiettatela delicatamente con una mano e poi con l'altra. Eseguite questa operazione per cinque secondi con ciascuna mano.
- Se al termine di questa operazione si avverte ancora una certa tensione, è sufficiente scuotere rapidamente tutto il corpo. Poiché avete usato molto le braccia, scuotete in particolare le mani, le braccia e le spalle.
- Terminate inspirando, alzando le mani verso l'alto ed espirando, portando le mani verso il basso.

5: Esercizio di yoga somatico (10 minuti):

- Iniziare con una posizione di flessione in avanti.
- Passare lentamente alla posizione della mucca-gatto in piedi con le ginocchia piegate, portando le mani sulle ginocchia e sollevando delicatamente la schiena e la testa.
- Tornate alla posizione del piegamenti in avanti e ripetete, passando alla posizione della mucca-gatto in piedi e tornando alla posizione del piegamenti in avanti per un paio di volte.
- Passate alla posizione eretta accovacciati, ma appoggiate i gomiti sulla parte superiore delle cosce e muovete delicatamente e lentamente i gomiti lungo le cosce fino a raggiungere le

ginocchia. Eseguite questa operazione per tre o quattro volte.

- Eseguire la posizione della mucca-gatto in piedi con le ginocchia piegate. Passare dalla posizione della mucca a quella del gatto. Fatelo per cinque volte.

- In piedi, con le gambe divaricate, fate oscillare le braccia da un lato all'altro, un braccio alla volta. Iniziate lentamente e accelerate il movimento. Fatelo per cinque volte.

- Eseguite la posizione della mucca-gatto in piedi sulle mani e sulle ginocchia. Eseguitela per cinque volte.

- Passare alla posizione del bambino. Mantenetela per qualche istante.

- Mettetevi sulla schiena con le braccia distese dietro di voi. Fate oscillare la gamba da un lato all'altro. Fate lo stesso con l'altra gamba. Procedete in questo modo per cinque volte.

- Rimanete sulla schiena e unite le piante dei piedi con le ginocchia piegate. Mantenere questa posizione per qualche istante.

- Tirarsi su per sedersi a gambe incrociate con le braccia appoggiate sulle gambe. Mantenete questa posizione per qualche istante.

POSTFAZIONE

Ben fatto! Vi auguro un'incredibile forza nella vostra avventura somatica. Siete arrivati fino alla fine. Questo è già di per sé qualcosa di cui essere orgogliosi. Potete congratularvi con voi stessi per aver fatto il primo passo, per esservi incuriositi e per aver letto qualcosa sulla terapia somatica. Sono certo che con la vostra curiosità, unita ai consigli e alle pratiche contenute in questo libro, sarete sulla buona strada per guarire dal trauma che avete subito in passato. La sola lettura di questo libro dimostra il vostro coraggio nel voler guarire dal trauma, coraggio di cui avrete bisogno per proseguire il vostro cammino.

Il trauma è un evento che coinvolge tutti noi. Per molto tempo si è pensato che fosse qualcosa che accade solo nel cervello. Ora sappiamo molto di più: che avviene nel cervello, nel corpo e nello spirito. Uno degli unici modi per raggiungere tutte e tre le cose e guarire veramente è la terapia somatica. Non sto dicendo che la "terapia del parlare" non sia utile, perché, ovviamente, può esserlo. Tuttavia, la terapia verbale da sola non sempre arriva alla radice del trauma nel corpo e, a volte, la terapia verbale può essere la cosa peggiore da affrontare per una persona con un trauma, poiché le verrà chiesto di tirare fuori le sue esperienze traumatiche. La titolazione praticata nella terapia verbale è scarsa, ma il lavoro con la terapia somatica aiuta a sbloccare il trauma poco a poco, non solo parlando e usando la mente, ma entrando in contatto con il corpo e rendendolo consapevole di ciò che sente e percepisce.

Il problema del trauma è che finisce per causare anche altri problemi, come il dolore cronico, la depressione, l'ansia, la dipendenza, i problemi di digestione e la mancanza di sonno, ma tutti questi aspetti possono essere affrontati e risolti con la terapia somatica. Un'altra cosa meravigliosa della terapia somatica è che ci sono così tanti elementi che non ci si può limitare a un metodo o a un altro; ci sono una varietà di tecniche ed esercizi che possono essere impiegati. A volte si può procedere per tentativi, ma si dovrebbe trovare qualcosa che sia adatto a noi e che funzioni per noi.

Grazie ai concetti che la terapia somatica ci insegna, possiamo davvero comprendere il nostro corpo, come funziona e come possiamo farlo lavorare al meglio per noi. Il radicamento è un ottimo esercizio per stabilizzarsi e diventare consapevoli del proprio corpo e di ciò che sente. Se vi accorgete che la vostra mente sta sfuggendo al controllo o siete un po' in preda al panico o all'ansia, una delle cose migliori da fare è sedersi per qualche istante con i piedi ben appoggiati a terra e mettere in pratica alcune tecniche di radicamento. Mi sento quasi sempre più calmo e in pace dopo aver fatto questo, essere entrato in contatto con il mio corpo e averlo ascoltato. È quasi come se il mio corpo mi ringraziasse per averlo ascoltato.

Stabilire e mantenere dei confini può essere un esercizio essenziale per molti, in particolare per coloro che si sono immersi nella vita degli altri o che hanno vissuto relazioni di abuso. Inoltre, aiuta a mantenere le cose nel presente e nel qui e ora, che è il luogo in cui tutti vogliamo vivere.

Come ho accennato nell'ultimo capitolo, la terapia somatica aiuta a iniziare ad autoregolare il sistema nervoso e, a lungo termine, può avere un impatto molto importante. Le emozioni si autoregolano. Non vi arrabbierete più con qualcuno apparentemente senza motivo. Beh, non dico mai: Tutti noi siamo stanchi e scontrosi a volte, ma non perché abbiamo un trauma ancora intrappolato nel nostro corpo. La risposta "combatti o fuggi" diventa più regolata, quindi non ogni singola cosa vi manderà in uno stato di panico e ansia. Lentamente, il vostro processo decisionale diventa più in linea con quello che dovrebbe essere. La digestione, il sonno e molte altre cose possono diventare più regolari, e tutto ciò porta al recupero, alla guarigione e ad avere il tipo di vita che immaginate per voi stessi. L'autoregolazione è una parte vitale e un obiettivo della terapia somatica.

Anche l'uso del movimento può essere considerato una pietra miliare dell'esperienza somatica. Non si tratta necessariamente di danza (anche se è disponibile nell'arteterapia) o di qualcosa di eccessivamente energico. Può essere semplice come qualche posizione nello yoga, qualche scuotimento nel Qigong o qualche tensione e sblocco muscolare. Possono essere energici quanto volete o sereni quanto volete, ma il movimento è un'altra parte della conoscenza del vostro corpo, della consapevolezza del vostro corpo e dell'ascolto di ciò che vi sta dicendo. Tutti questi movimenti affrontano il fatto che il trauma è nel corpo, non solo nella mente.

Non ho dubbi sul fatto che abbiate preso la decisione giusta. La terapia somatica è uno dei modi migliori per guarire dal trauma. Sono orgoglioso di te per aver fatto un passo così importante. Vorrei poter essere al vostro fianco mentre affrontate il vostro percorso somatico, ma spero che sentiate che sono lì con voi, a fare il tifo per voi sotto forma di questo libro. Potete trasformare la vostra vita e condurre una vita molto meno piena di dolore e di ferite rispetto alla situazione attuale. Potete iniziare a guardare avanti alla vita. Potete iniziare a essere entusiasti di svegliarvi al mattino, e non di svegliarvi con quell'orribile sensazione di terrore nella bocca dello stomaco. Non vedete l'ora di vedere cosa vi riserva la giornata.

Non siete più controllati dal trauma e avete preso il controllo della vostra vita. È un'affermazione così forte che sarà vera. Avete il resto della vostra vita da vivere; andate e godetevela.

È così facile incorporare tutto questo nella vostra routine quotidiana. Anche il rituale che vi propongo richiede solo 30 minuti di tempo. Si può fare così tanto quando ci si sveglia, o prima di andare a letto, che si può facilmente portare avanti. Tutto ciò che serve è uno spazio tranquillo in casa (a volte è più facile dirlo che farlo, lo so), e via.

Questo è il vostro corpo. Questa è la vostra vita. Andate e rendetela la migliore possibile. Vi auguro ogni bene e, come tutto questo libro vi incoraggia a fare, prendetevi cura di voi stessi.

RIFERIMENTI

All images are courtesy of Pixabay.

Barnes, S., Brown, K., Krusemark, E., Campbell, W & Rogge, R. (2007, October 11). *The Role of Mindfulness in Romantic Relationship Satisfaction and Responses to Relationship Stress.* Journal of Family and Marital Therapy. https://doi.org/10.1111/j.1752-0606.2007.00033.x

Baxter, S. (2019, October 20). *Vagus Nerve Reset to Release Trauma Stored in the Body (Polyvagal Exercises).* Vagus Nerve Reset To Release Trauma Stored In The Body (Polyvagal Exercises) - YouTube

Baxter, S. (2020, November 9). *Vagus Nerve Exercises to Rewire Your Brain from Anxiety.* Vagus Nerve Exercises To Rewire Your Brain From Anxiety - YouTube

Bell, A. (2017, July 21). *Somatic Psychotherapy.* Good Therapy. Somatic Psychotherapy (goodtherapy.org)

Bell, A. (2018, June 19). *Somatic Mindfulness: What Is My Body Telling Me? (And Should I Listen?).* Good Therapy. https://www.goodtherapy.org/blog/somatic-mindfulness-what-is-my-body-telling-me-and-should-i-listen-0619185

Brom, D., Stokar, Y., Lawi, C., Nuriel-Porat, V., Ziv, Y., Lerner, K. & Ross, G. (2017, June 6). *Somatic Experiencing for Posttraumatic Stress Disorder: A Randomized Controlled Outcome Study.* Wiley Online Library. https://dx.doi.org/10.1002%2Fjts.22189

Butler, A., Chapman, J., Forman, E & Beck, A. (2006, January). *The Empirical Status of Cognitive-Behavioral Therapy: A Review of Meta-Analyses.* Clinical Psychology Review. https://psycnet.apa.org/doi/10.1016/j.cpr.2005.07.003

Carbonelli, D. & Parteleno-Barehmi, C. (2016, May 11). *Psychodrama Groups for Girls Coping With Trauma.* Taylor & Francis Online. https://doi.org/10.1080/00207284.1999.11732607

Chambers, R., Chuen Yee Lo, B. & Allen, N. (2007, February 23). *The Impact of Intensive Mindfulness and Training on Attention Control, Cognitive Style, and Affect.* Springer Link. http://dx.doi.org/10.1007/s10608-007-9119-0

Chen, Y., Hung, K., Tsai, J., Chu, H., Chung, M., Chen, S., Liao, Y., Ou, K., Chang, Y. & Chou, K. (2014, August 7). *Efficacy of Eye-Movement Desensitization and Reprocessing for Patients with Posttraumatic-Stress Disorder: A Meta-Analysis of Randomized Controlled Trials.* PLOS ONE. https://dx.doi.org/10.1371%2Fjournal.pone.0103676

Cino, R. (2017, November 24). *How to Decrease Anxiety Using Somatic Experiencing.* myTherapyNYC. https://mytherapy-nyc.com/how-to-decrease-anxiety-using-somatic-experiencing/#comments

Clarke, J. (2021, July 31). *What Is Gestalt Therapy?* Verywell Mind. https://www.verywellmind.com/what-is-gestalt-therapy-4584583

ConciousnessNOWTV. (2020, September 19). *How to use Pendulation to Decrease Stress and Increase Well-Being.* How to use Pendulation to Decrease Stress and Increase Well-Being - YouTube

Counselling and Meditation Exercises. (n.d.) Sligo Gestalt Counselling. https://sligogestaltcounselling.ie/try-these-counselling-exercises.html

Cutler, N. (n.d.) *Learning How to Unlock Tissue Memory.* Integrated Physical Therapy and Wellness. https://www.ipt-miami.com/news/Learning_How_to_Unlock_Tissue_Memory

Depressive Disorders. (n.d.) Psychology Today. https://www.psy-chologytoday.com/us/conditions/depressive-disorders

Diaphragmatic Breathing Exercises. (n.d.). Physiopedia. https://www.physio-pedia.com/Diaphragmatic_Breathing_E-xercises

Diaphragmatic Breathing: Everything You Need to Know. (n.d.). Evolve Chiropractic. https://myevolvechiropractor.-com/diaphragmatic-breathing/

Eckelkamp, S. (2019, October 9). *Can Trauma Really be 'Stored' in the Body?* mbg Health. https://www.mindbodygreen.-com/articles/can-trauma-be-stored-in-body

Energy Psychology (2017, October 26). Good Psychology. https://www.goodtherapy.org/learn-about-therapy/types/energy-psychology

Erdelyi, K. (2019, October 28). *What is Somatic Therapy?* Psycom. https://www.psycom.net/what-is-somatic-therapy/

Essential Somatics. (2019, February 1). *The Best Psoas Release.* (2) The Best Psoas Release - YouTube

Fallis, J. (2021, March 24). *How to Stimulate Your Vagus Nerve for Better Mental Health.* Optimal Living Dynamics.

https://www.optimallivingdynamics.com/blog/how-to-stimulate-your-vagus-nerve-for-better-mental-health-brain-vns-ways-treatment-activate-natural-foods-depression-anxiety-stress-heart-rate-variability-yoga-massage-vagal-tone-dysfunction

Feinstein, D. (2012, December 1). *Acupoint Stimulation in Treating Psychological Disorders: Evidence of Efficacy.* Sage Journals. https://doi.org/10.1037%2Fa0028602

Field, T. & Diego, M. (2008, March 4). *Vagal Activity, Early Growth and Emotional Development.* PubMed Central. https://dx.doi.org/10.1016%2Fj.infbeh.2007.12.008

Forgiveness: Your Health Depends On It. (n.d.) John Hopkins Medicine. https://www.hopkinsmedicine.org/health/wellness-and-prevention/forgiveness-your-health-depends-on-it

Friedman, L. (2019, November 15). *Using Somatic Experiencing to Cope with Anger.* Trauma & Beyond. Using Somatic Experiencing to Cope with Anger | Trauma Therapy (traumaandbeyondcenter.com)

Gaba, S. (2020, August 22). *Understanding Fight, Flight, Freeze and the Fawn Response.* Psychology Today. https://www.psychologytoday.com/gb/blog/addiction-and-recovery/202008/understanding-fight-flight-freeze-and-the-fawn-response

Giacomucci, S. & Marquit, J. (2020, May 19). *The Effectiveness of Trauma-Focused Psychodrama in the Treatment of PTSD in Inpatient Substance Abuse Treatment.* Frontiers in Psychology. https://doi.org/10.3389/fpsyg.2020.00896

Goodlet, N. (2020, November 30). *Vagus Nerve Stimulation Breathing Meditation Practice.* https://www.youtube.com/watch?v=kiQMaJJWcyQ

Hadley, H. (2017, July 19). *The Benefits of Somatic Breathing.*

Total Somatics. https://totalsomatics.com/the-benefits-of-somatic-breathing/

Heidari, S., Shahbakhsh, B. & Jangjoo, M. (2017). *The Effectiveness of Gestalt Therapy on Depressed Women in Comparison with Drug Therapy.* Journal of Applied Psychology and Behavioral Science. https://japbs.com/fulltext/paper-02012017134122.pdf

Hoffman, S., Sawyer, A., Witt. A & Oh, D. (2010, April 1). *The Effect of Mindfulness-Based Therapy on Anxiety and Depression: A Meta-Analytic Review.* PMC. https://www.ncbi.nlm.nih.gov/pmc/articles/PMC2848393/

Holmes, J. & McGauran, J. (Executive Producers). (1988–present). *Home and Away* [TV series]. Seven Studios; Seven Network Operations Limited; Red Heart Entertainment; Keeper Media.

Hopper, S., Murray, S., Ferrara, L. & Singleton, J. (2019, September). *Effectiveness of Diaphragmatic Breathing for Reducing Physiological and Psychological Stress in Adults: A Quantitative Systematic Review.* JBI Evidence Synthesis. https://doi.org/10.11124/jbisrir-2017-003848

IABET - Consciousness Through Art. (2020, April 2). *Art Therapy Exercise - Exploring Emotional Needs.* Art Therapy Exercise - Exploring Emotional Needs - YouTube

Jackson, K. (2019, February 4). *Pandiculations 101 with Think Somatics. (2)* Pandiculations 101 with Think Somatics - YouTube

Jackson, T. (2017, August 24). *Grounding: What to Do When You Feel Unstable.* Toni Jackson Counselling. https://tonijackson-counselling.com/2017/08/24/grounding-what-to-do-when-you-feel-unstable/

Jahnke, R., Larkey, L., Rogers, C., Etnier, J. & Lin, F. (2010,

July 1). *A Comprehensive Review of Health Benefits of Qigong and Tai Chi.* Sage Journals. https://journals.sagepub.com/doi/10.4278/ajhp.081013-LIT-248?url_ver=Z39.88-2003&rfr_id=ori%3Arid%3Acros-sref.org&rfr_dat=cr_pub%3Dpubmed&

Janet, S. & Gowri, P. (2017). *Effectiveness of Deep Breathing Exercise on Blood Pressure Among Patients with Hypertension.* International Journal of Pharma and Bio Science. http://dx.doi.org/10.22376/ijpbs.2017.8.1.b256-260

Jerath, R., Beveridge, C. & Barnes, V. (2019, January 29). *Self-Regulation Breathing of Breathing as an Adjunctive Treatment of Insomnia.* Frontiers. https://doi.org/10.3389/fpsyt.2018.00780

Johnson, J. (2020. May 27). *What to Know About Diaphragmatic Breathing.* Medical News Today. What is diaphragmatic breathing? Benefits and how-to (medicalnewstoday.com)

Jordan, S. (2016, February 7). *An Introduction to Focusing.* British Focusing Association. https://www.focusing.org.uk/an-introduction-to-focusing

Kelloway, R. (2019, March 29). *5 Somatic Experiencing Exercises to Keep Grounded During Coronavirus Uncertainty.* Life Care Wellness. https://life-care-wellness.com/somatic-experiencing-exercises-to-keep-you-grounded/

KoK, B., Coffey, K. & Cohn, M. (2013, May 6). *How Positive Emotions Build Physical Health: Perceived Positive Social Connections Account for the Upward Spiral Between Positive Emotions and Vagal Tone.* Sage Journals. https://doi.org/10.1177%2F0956797612470827

Langmuir, J., Kirsch, S. & Classen, C. (2012). *A Pilot Study of Body-Orientated Group Psychotherapy for the Group Treatment of*

Trauma. APA PsycNet. https://psycnet.a-pa.org/doi/10.1037/a0025588

Leung, G & Khor, S. (2017, April 25). *Gestalt Intervention Groups for Anxious Parents in Hong Kong: A Quasi-Experimental Design.* Taylor & Francis Online. https://doi.org/10.1080/23761407.2017.1311814

Lindberg, S. (2019, January 9). *Psychopath.* Healthline. https://www.healthline.com/health/psychopath

Lynch, D., Laws, K & McKenna, P. (2009, May 29). *Cognitive Behavioral Therapy for Major Psychiatric Disorder: Does It Really Work? A Meta-Analytical Review of Well-Controlled Trials.* Cambridge University Press. https://doi.org/10.1017/s003329170900590x

Lyon, B. (2017, August 1). *Shame and Trauma.* Center for Healing Shame. https://healingshame.com/articles/2017/8/21/shame-and-trauma

Ma, X., Yue, Z., Gong, Z., Zhang, H., Duan, N., Shi, Y., Wei. G. & Li, Y. (2017, June 6). *The Effect of Diaphragmatic Breathing on Attention, Negative Affect and Stress in Healthy Adults.* PubMed Central. https://dx.doi.org/10.3389%2Ffpsyg.2017.00874

MacCarthy, M. (2019, December 17). *Somatic Low Back & Psoas Release.* (2) Somatic Low Back & Psoas Release - YouTube

Mertz, C. (2013). *The Effectiveness of Psychodrama for Adolescents who have Experienced Trauma.* Smith ScholarWorks. https://scholarworks.smith.edu/cgi/viewcontent.cgi?article=2024&context=theses

Meyer, A. (2020, June 20). *Subconscious Mind & Inner Child Explained: The Key to Wellbeing.* Medium. https://medium.-com/invisible-illness/the-subconscious-mind-inner-child-explained-511b1ef93c7f

Miller, B., Littlefield, W., Morano, R., Wilson, D., Sears, F., Chaiken, I., Moss, E., Barker, M., Tuchman, E., Chang, Y., Hockin, S., Weber, J., Siracusa, F., & Fortenberry, D. (Executive Producers). (2017–present). *The Handmaid's Tale* [TV series]. Daniel Wilson Productions Inc.; The Littlefield Company; White Oak Pictures; MGM Studios.

Millman, R. (2019, March 24). *Healing the Inner Child | Tapping with Renee.* Healing The Inner Child | Tapping with Renee - YouTube

Millman, R. (2020, February 16). *Tapping to Heal the Inner Child and Letting Go of Shame | Tapping with Renee.* Tapping To Heal The Inner Child and Letting Go Of Shame | Tapping With Renee - YouTube

Moore, A. & Malinowski, P. (2009, March 18). *Meditation, Mindfulness and Cognitive Flexibility.* PubMed. https://pubmed.ncbi.nlm.nih.gov/19181542/

Morrisey, S. & Marr, J. (1984). Still Ill (Song) on *The Smiths.* Rough Trade.

Ortner, C., Kilner, S. & Zelazo, P. (2007, November 20). *Mindfulness Meditation and Reduced Emotional Interference on a Cognitive Task.* Springer Link. https://link.springer.com/article/10.1007/s11031-007-9076-7

Osadchey, S. (2028, August 8). *Somatic Experiencing (SE).* Good Therapy. https://www.goodtherapy.org/learn-about-therapy/types/somatic-experiencing

Pandiculation - The Safe Alternative to Stretching. (2010, September 30). Essential Somatics. https://essentialsomatics.com/clinical-somatics-articles-case-studies/pandiculation-safe-alternative-stretching

Psychodrama. (2016, May 16). Good Therapy. https://www.goodtherapy.org/learn-about-therapy/types/psychodrama

Richmond, C. (2018, November 29). *Emotional Trauma and the Mind-Body Connection.* WebMD. https://www.web-md.com/mental-health/features/emotional-trauma-mind-body-connection

Saadati, H. & Lashani, L. (2013, July 9). *Effectiveness of Gestalt Therapy on Self-Efficacy of Divorced Women.* Science Direct. https://doi.org/10.1016/j.sbspro.2013.06.721

Sensorimotor Psychotherapy. (2015, August 24). Good Therapy. Sensorimotor Psychotherapy (goodtherapy.org)

Shapiro, F. (2014). *The Role of Eye Movement Desensitization and Reprocessing (EMDR) Therapy in Medicine: Addressing the Psychological and Physical Symptoms Stemming from Adverse Life Experience.* The Permanente Journal. https://dx.doi.org/10.7812%2FTPP%2F13-098

Shella. T. (2017, May 26). *Art Therapy Improves Mood, and Reduces Pain and Anxiety When Offered at Bedside During Acute Hospital Treatment.* Science Direct. https://www.sciencedirect.com/science/article/abs/pii/S0197455617301053

Somatic Experiencing International. (2019, August 15). *What is Pendulation in Somatic Experiencing with Peter A Levine, PhD.* https://www.youtube.com/watch?v=LiXOMLoDm68&t=1s

Tomasulo, D. (2021, June 18). *Do You Need a Mama Psychodrama?* LinkedIn. https://www.linkedin.com/pulse/do-you-need-mama-psychodrama-dan-tomasulo

Transformations Treatment Center. (2018, October 1). *EMDR: Self-Soothing at Home. (2) EMDR: Self-soothing at home - YouTube*

Tune Up Fitness (2020, March 10). *Hum to Activate the Vagus Nerve.* Hum to Activate the Vagus Nerve - YouTube

Tune Up Fitness. (2020, March 10). *Vagus Nerve: Breathing for Relaxation.* Vagus Nerve: Breathing for Relaxation - YouTube

Valiente-Gomez, A., Moreno-Alcazar, A., Treen, D., Cedron, C., Colom, F., Perez, V. & Amann, B. (2017, September 26). *EMDR Beyond PTSD: A Systematic Literature Review*. Frontiers in Psychology. https://doi.org/10.3389/fpsyg.2017.01668

Van Korff, M., Crane, P., Lane, M., Miglioretti, D., Simon, G., Saunders, K., Stang, P., Brandenburg, N. & Kessler, R. (2005, February). *Chronic Spinal Pain and Physical-Mental Comorobidiy in the United States: Results From the National Comorbidity Survey Replication*. PAIN 10.1016/j.pain.2004.11.010

Virant, K. (2019, May 12). *Chronic Illness and Trauma Disorders*. Psychology Today. https://www.psychologytoday.com/gb/blog/chronically-me/201905/chronic-illness-and-trauma-disorders

Wagner, D. (2016, June 27). *Polyvagal Theory in Practice*. Counseling Today. Polyvagal theory in practice - Counseling Today

Warren, S. (2019, April 21). *What is Pandiculation?* Somatic Movement Center. https://somaticmovementcenter.com/pandiculation-what-is-pandiculation/

Winn, A. (2019, August 15). *Energy Psychology Demonstration - Correct Demo of Cooks Hook Up*. (3) Energy psychology demonstration - Correct demo of Cooks Hookup - YouTube

Yates, B. (2013, September 28). *Self-Love in About Five Minutes - Tapping with Brad Yates*. https://www.youtube.com/watch?v=tLWTzQWa2hg

Yates, B. (2014, February 28). *Self-Compassion - Tapping with Brad Yates*. https://www.youtube.com/watch?v=KHydpkmWydI

Yates, B. (2020, August 31). *Narcissists (Getting Free from Past or Present Pain) - Tapping with Brad Yates*. Narcissists (getting free from past or present pain) - Tapping with Brad Yates - YouTube

Zhang, M., Zhang, Y. & Kong, Y. (2020, May 18). *Interaction Between Social Pain and Physical Pain*. SAGE Journals. https://doi.org/10.26599%2FBSA.2019.9050023

Zwerican, A & Joseph, S. (2018, October 1). *Focusing Manner and Posttraumatic Growth*. Core. https://www.focusing.org.uk/an-introduction-to-focusing

IL VOSTRO FEEDBACK È PREZIOSO

Vorremmo essere così sinceri da chiedervi un atto di gentilezza. Se avete letto e apprezzato il nostro libro o i nostri libri, potreste prendere in considerazione l'idea di lasciare una recensione onesta su Amazon o Audible? In quanto gruppo editoriale indipendente, il vostro feedback significa moltissimo per noi. Leggiamo ogni singola recensione che riceviamo e ci piacerebbe sentire i vostri pensieri, perché ogni feedback ci aiuta a servirvi meglio. Il vostro feedback può avere un impatto anche su altre persone in tutto il mondo, aiutandole a scoprire conoscenze importanti da implementare nella loro vita per dare loro speranza e forza. Vi auguriamo potere, coraggio e saggezza nel vostro viaggio.

Se avete letto o ascoltato uno dei nostri libri e volete essere così gentili da recensirli, potete farlo cliccando sulla scheda "Per saperne di più" sotto l'immagine del libro sul nostro sito web:

https://ascendingvibrations.net/books